# 밀라노에서 밀라노까지

# 밀라노에서 밀라노까지

박귀숙 수필집

수필과비평사

■ 작가의 말


　글을 쓰는 동안, 마음속 깊이 접어둔 꿈들을 하나씩 펼쳐보곤 했습니다. 중학생 시절, 시를 잘 쓰던 친구를 참 부러워했습니다. 언젠가는 나도 글을 잘 쓰고 싶었습니다.
　자연스레 글쓰기에 관심을 두게 되었고, 한때는 교사가 되고 싶다는 꿈도 품었습니다. 하지만 그 꿈은 늘 현실에 밀려 마음 한편에만 머물러 있었습니다.
　서울에서의 생활이 시작되면서 나 자신을 돌아보고 싶어졌습니다. 글쓰기 강좌를 찾았고, 수필을 쓰기 시작했습니다. 그 시간이 큰 위로가 되었고, 나를 버티게 해주는 힘이 되어 주었습니다.
　삶이 지치고 힘들 때마다 글은 따뜻한 언어로 나를 다독였고, 세상의 소음 속에서도 글을 쓰는 시간만큼은 마음이 맑아지고 편안해졌습니다. 잊고 있던 꿈을 글로 다시 불러내며, 나는 오래된 기억 속으로 천천히 걸어 들어갔습니다. 지나간 상처들을 마주하며 자신을 들여다보았고, 머릿속에서만 맴돌던 말들을 글로 꺼내 놓았습니다. 그 조각들이 모여 하나의 글집이 되었습니다.
　글을 쓴다는 건 내 안의 감정을 꺼내어 빛 속에 내놓는 일이었습니다. 한 줄 한 줄 써 내려가다 보니, 마음이 조금씩 풀리고 어느새 숨이 트였습니다. 돌아보니 글쓰기는 삶과 함께하는 따뜻한 숨결이었습니다. 끝까지 함께하고 싶은 존재들, 잊히지 않기를 바라는 감정들을 글 속에 담고 싶었습니다.

　책의 제목으로 선택한 「밀라노에서 밀라노까지」에서는 시작과 끝의 미묘한 출발점이자 전환점에서 삶의 긴 여정을 여행에 비유하며 깊이 성찰해 보았습니다.

　오랫동안 가슴속에 품고 있던 문학소녀의 꿈을 조심스레 펼쳐 봅니다. 내 글 속에 담아두고 싶었던 따뜻한 마음이 누군가에게도 전해지기를 바라며 설렘과 감사한 마음으로 처음 세상에 내놓는 책입니다.

　글쓰기를 이끌어 주고 응원해 주신 김상태 교수님, 유인순 교수님을 비롯한 여러 선생님께 깊이 감사드립니다. 함께 글을 나누며 힘이 되어 준 문우들, 소중한 벗들에게도 고마움을 전합니다. 언제나 버팀목이 되어 준 남편과 형제들, 그리고 사랑하는 아들딸에게도 고마운 마음입니다.

　그리운 부모님 영전에 이 책을 바칩니다.

2025년 초여름

박 귀 숙

| 차례 |

■작가의 말

# 1부
# 그리움

엄마의 열쇠　12
아버지의 팔순 잔치　17
자, 이제 집으로 가요　22
황혼의 고독　26
아버지　31
고향집 소묘　36
할머니를 생각하며　40
셋째 오빠　44
어머님의 손맛을 그리며　47

## 2부
# 가족 사랑

이등병 계급장　52

딸의 홀로서기　56

아내의 방　60

생일 선물　64

몰래 한 사랑　68

선물·I　73

손맛 사랑　78

김밥　82

팥죽과 동치미　85

## 3부
## 아름다운 관계

햇살 한 줄기　90
친절한 금자 씨·Ⅰ　94
친절한 금자 씨·Ⅱ　98
선물·Ⅱ　102
기차 여행　105
寶보배　110
자연드림 밥상　113
시인이 된 친구　116
존경하는 동야 교수님께　120
형부　124

4부
**여행**

유비무환   130
결혼 10주년을 보내며   134
여행에 취한 남자   137
베스트 드라이버   141
딸과 함께한 여행   145
봉정암 가는 길   152
밀라노에서 밀라노까지   156
김 반장   164
봄은 멀지 않으리   167

## 5부
# 나의 길

교생 실습　172
깜빡하는 내 정신　176
새로운 길　179
어떠하리　183
마트의 꽃　186
도전, 시낭송　191
나만의 공간　194
목련처럼　196
먹빛 머그잔　198

■ 엄마에게 바치는 글/ 엄마의 꿈-지주현　200
■ **작품 해설** 바람을 머리에 인 나무　206
　　　　　- 유인순(강원대 명예교수, 이대평생교육원 수필지도교수)

# 1부
## 그리움

# 엄마의 열쇠

**친정집에 갔다가** 녹슨 열쇠를 발견했다. 엄마가 아끼던 빨간 주머니 끈에 달려 있었다. 새까맣게 녹슨 열쇠였다. 순간 쌀을 쌓아 놓던 창고가 생각났다. 엄마한테 혹시 옛날 쌀 창고 열쇠냐고 물어보았더니, 고개를 끄덕이셨다. 얼마나 아득한 일인가. 손을 놓은 지 십 년이 훌쩍 넘었는데 엄마는 그 열쇠를 아직도 간직하고 있었다. 새까만 열쇠를 보면서 까마득하게 잊고 있었던 지난 일이 아스라이 떠올랐다.

우리 오 남매가 학교에 들어가면서 돈 쓸 일이 많이 생기자, 엄마는 집에서 십 리나 떨어진 어촌에 쌀을 갖다 팔아서 돈을 만들었다. 농사지은 쌀이 모자라면 동네 다른 집이나 장날에 쌀을 사서 갖다 주며 신용을 쌓아갔다. 자연스럽게 쌀장사를 하게 된 것이다. 시간이 흐르자 제법 큰 규모의 장사로 발전되어 이번에는 어떤 인심 좋은 집의 창고를 빌려서 쌀을 비축해 두었다. 필요할 때면 수시로 창고를 열어야 하기 때문에 엄마는 열쇠를 늘 주머니 끈에 매달고 다녔다.

칠남매 중 외동딸로 태어난 엄마는 종가 외아들인 아버지와 결혼했다. 종가에는 대소사가 많았다. 종부가 된 엄마는 집안에 애경사가 있으면 두 팔 걷고 나서서 일했고, 명절의 음식이나 기제사 준비도 도맡아 했다. 큰일을 치를 때마다 소소한 부엌일부터 바깥일까지 모두 해냈다. 일가나 친척집에 큰일이 생길 때마다 식혜나 메밀묵 등을 푸짐하게 장만하여 부조도 했다. 종부의 역할에 충실히 하려고 언제나 몸을 아끼지 않던 엄마였다.

엄마는 항상 새벽 네 시면 깨어나 무슨 일이든 하고 있었다. 낮 동안 하지 못한 일을 새벽에 거의 다 했다. 부엌일은 물론 소죽 끓이는 일과 바느질도 새벽에 했다. 낮엔 쌀장사하느라 틈을 낼 수 없었다. 나도 덩달아 일찍 일어나 공부도 하고 얘기도 하며 함께 시간을 보냈다. 평상시엔 거래처에 쌀을 배달하거나 외상값을 수금하러 나가기 때문에 잠시의 틈도 낼 수 없었다. 그런데도 비 오는 날엔 떡메로 쳐서 찰떡도 만들어 주고, 단팥빵도 만들어 주었다.

리어카에 쌀 외에도 농사지은 열무나 토마토 등을 가득 싣고 어촌에까지 팔러 다녔다. 언니 오빠들은 도시로 나가 자취 생활을 했고, 나는 여름 방학이 되면 엄마 따라 리어카를 밀어주며 같이 다녔다. 땀을 뻘뻘 흘리면서 다녔지만, 사람들이 칭찬해 주고 맛있는 것도 주니 힘든 줄도 몰랐다. 긴 여름 땡볕도 마다치 않고 엄마만 있으면 어촌 입구에서 마을 끝까지 신나게 다녔다.

어느 날 학교 가는 새벽길에 리어카를 밀어 주기로 했다. 시간이 충분할 거로 생각했는데 그만 버스를 놓치고 말았다. 엄마는 나보다 더 안타까워 어찌할 줄을 몰라 했다. 엄마한테는 괜찮다며 안심시켜 주고 십 리가 넘는 길을 뛰다가 걷다가 반복하면서 온 힘을 다해 달렸다. 온몸이 땀으로 범벅이 되었지만, 다행히 수업 시간 전에 도착할 수 있었다. 엄마는 막내딸이 지각할까 봐 얼마나 마음 졸이며 걱정하셨을까. 지금 생각해도 그때 그 일을 떠올리면 목이 멘다.

나는 엄마와 같이 다니는 것이 신났고 도와주는 것이 좋았다. 저녁 설거지를 끝내고 늦은 시간 엄마와 마주앉아 돈을 헤아리면 하루의 피로를 말끔히 잊곤 했다. 돈은 열 장씩 묶어 장판 밑이나 상자 속에 잘 보관했다. 훗날 내가 금융기관에서 일하게 된 것도 어쩌면 그때부터 준비된 일이 아니었을까. 덕분에 엄마의 주머니는 항상 두둑했고 밑천도 모자라지 않게 준비되어 있어 쌀도 넉넉하게 구매할 수 있었다.

이제 엄마는 창고 열쇠를 쓸 수가 없다. 갑자기 뇌출혈로 쓰러져 좌측 수족이 마비되고 언어도 어눌하게 되었기 때문이다. 엄마는 걸음을 걸을 수도 없고 말을 제대로 하지 못했다. 건강을 챙길 겨를이 없었나 보다. 엄마는 방에서 텔레비전의 리모컨으로 세상을 구경했다. 가끔 아버지가 외출했다가 돌아올 때쯤에는 기린처럼 목을 빼고 현관문을 내다보며 기다리는 것이 유일한 낙이었다. 때로는 녹슨 열쇠를 만지작거리며 옛날 생각을 하는 것 같았다. 비록 몸은 마음대로 움직일 수는 없지만, 생각은 옛날 그대로였을까. 입가의 미소가 쓸쓸해 보였다. 그 시절을 생각하면 꿈만 같을 거다. 엄마는 우리가 드리는 적은 용돈을 빨간 주머니에 넣으면서 무슨 생각을 했을까.

주머니 끈에 묶인 창고의 열쇠는 찾았지만, 엄마의 건강은 어디서 찾아야 하나. 잃어버린 엄마의 건강은 녹슨 열쇠처럼 반짝거리게 닦아낼 수 없을까. 잠긴 문은 열쇠로 열 수 있지만 마비된 다리를 움직이게 할 수 있는 열쇠가 있으면 얼마나 좋을까. 지나간 세월을 되돌릴 수 없듯이 엄마의 건강도 되돌릴 수 없다는 것이 무척 슬픈 일이다.

나에게 간절함이 있다. 엄마의 바람이기도 하다.

요즘엔 현관문에 비밀번호를 입력하면 저절로 문이 열린다. 엄마에게도 일어나 걸을 수 있는 비밀번호가 있으면 얼마나 좋을까. '열려라, 참깨!' 하면 문이 열리는 동화처럼 엄마도 일어나 걸을 수만 있다면….

(2011. 1.)

# 아버지의 팔순 잔치

 들녘엔 벼들이 황금물결로 출렁이고 온 산엔 단풍이 물들고 있다. 수확의 계절이다. 남편과 함께 KTX를 타고 고향에 가는 길이다. 고향에 가는 길은 늘 설레고 기쁘지만, 오늘은 더욱 더 그렇다. 아버지의 팔순 잔칫날이기 때문이다. 지난밤엔 잠도 설쳤다.
 아버지의 칠순 때는 엄마가 환자라서 친구분들과 제주도에 여행을 다녀오셨다. 그런데 이번만은 우리 오 남매가 의논하여 일가친척들 모시고 간단한 잔치라도 하자고 의견을 모았다. 엄마는 몸이 불편하긴 해도 휠체어를 타면 외출할 수 있기 때문에 뷔페식당에서 하기로 했다. 거의 이십 년 만의 외부 행사인 셈이다.
 사회자가 하라는 대로 엄마는 한복을 곱게 차려입고 생신 잔칫상 앞에 미리 가 계셨다. 주인공인 아버지가 입장하시고, 뒤이어 오 남매 내외들이 손잡고 차례대로 입장했다. 나는 엄마를 대신해 아버지의 손을 잡고 행진곡에 맞추어 박수를 받으며 입장했다.

단상으로 올라가니 〈어머니 은혜〉 노래가 흘러나오고 있어서 모두 눈가에 이슬이 맺히기도 했다. 기념 촬영을 하고 케이크도 함께 잘랐다. 이어서 둘째 오빠의 간단한 가족 소개와 인사가 있었다. "오늘 저희 아버지의 팔순 잔치에 와 주셔서 감사합니다." 칠순 때는 이런 자리도 마련하지 못했다고 말하자 장내는 잠시 숙연해졌다. 당시 엄마의 건강 때문에 잔치는 엄두도 내지 못했기 때문이다. 조카들이 할아버지 할머니를 위해 꽃다발을 안겨 주며 볼에 뽀뽀도 해 드렸다. 큰오빠 부부가 술잔을 올리고 "낳아 주셔서 고맙습니다. 이렇게 길러 주셔서 감사합니다. 두 분이 함께 계시므로 오늘 이 자리도 마련하게 되어 고맙습니다."라고 인사드리고 우리 오 남매 부부들은 큰절을 올렸다.

손자를 대표해 둘째 오빠네 아들이 인사를 했다. "할아버지, 할머니의 손자로서 인사하게 되어 기쁩니다. 할아버지, 할머니 사랑합니다."라며 두 팔을 들어 하트 모양을 하고 노래까지 하니 조용했던 장내는 한바탕 웃음이 터졌다. 사회자는 아버지에게 아내를 위해 사랑한다고 말하고 뽀뽀하라고 주문한다. "우린 지금까지 살아오면서 많이 했어. 그런데 여기선 하기엔 부끄럽잖아."라고 하며 말을 듣지 않으셨다. 사회자는 포기하지 않고 계속하라고 시킨다. 엄마는 신부처럼 부끄러워하며 고개를 돌려 결국은 하게 되었다. 참으로 보기 좋았다. 거기에 아버지의 〈사랑가〉 열창도 있었다.

아버지는 종가의 외동아들로 태어나 스무 살도 되기 전, 증조부모와 할아버지마저 세상을 떠나게 되어 혼자서 상주 노릇을 다해 내셨다. 그러다 스물한 살 때 칠 남매 중 고명딸인 엄마와 결혼했다. 결혼 후 학교 공부와 군 복무도 5년이나 해야 했으니 집안 걱정은 얼마나 많았을까. 또 외동아들이라 군대 생활하기엔 더욱 힘들었다고 했다. 아버지의 군 복무로 인해 집안 살림은 할머니와 엄마의 몫이었기 때문이다.

내가 어릴 때 아버지는 늘 엄했지만, 이웃을 많이 생각하고 배려하며 정직하셨다. 동네 이장을 십 년, 종친회 일을 이십 년 이상 하셨다. 항상 동네 문서 정리하는 일을 하거나 문중 족보 만드는 일로 바빴다. 문중의 재산 관리도 잘하여, 2011년에는 종친회에서 공로상도 받으셨다. 평소에도 근검절약하며 돈은 음지陰地에 사용하지 말고, 양지陽地에 사용해야 한다며 천 원을 사용하더라도 꼭 필요한 곳에 사용하라고 하셨다. 아무리 바빠도 남의 일을 우선으로 생각하여 엄마는 가끔 불만을 표현하기도 했지만, 따뜻한 인정만은 잊지 않으셨다. 혼자 있으면 외로워하시고 늘 사람들과 얘기하기를 좋아했다. 모임 같은 곳에서는 없어서는 안 될 사람이었다.

어느 봄날, 서울에 관광차 오셨을 때 하룻밤 머물다 갔으면 했는데도 한사코 뿌리치고 가셨다. 몸이 불편한 엄마를 위해 집으로 가야 했기 때문이다. 그러면서 이제는 당신마저 아픈 곳이 하나씩 늘어난다고 하셨다. 건강했는데도 나이는 속일 수 없는지 한 군데씩 안 좋아지니까 멀리 있는 딸로서 걱정이 앞선다. 힘든 고비를 여러 번 넘기며, 아버지는 참고 이겨내셨다.

하루는 논에 가다가 넘어져서 무릎뼈에 금이 간 모양이었다. 수술을 받고 며칠간 입원을 해야 했으니, 집에 있는 엄마를 간호할 수가 없게 되었다. 어쩔 수 없이 엄마를 단기 요양복지센터로 옮기고 아버지가 퇴원하고 원기를 회복할 때까지 엄마는 혼자 계셔야 했다. 식구들의 힘든 결정이었지만, 보고 싶고 힘들어도 참아야 했다. 복지센터에서 엄마는 집에서 생활하는 것보다 좋아 보였지만 그게 아니었다. 집의 온기가, 아버지의 사랑이 그리운 모양이었다. 요즈음은 엄마가 다시 집으로 돌아오고 요양보호사가 방문한다. 요양보호사가 아버지와 엄마를 자식들보다 더 잘 돌봐줘서 고맙게 생각한다. 두 분은 참 복이 많으신가 보다.

행사의 마지막에 아버지는 이렇게 말씀하셨다.

"오늘 저의 팔순 잔치에 자리를 함께해 줘서 고맙습니다. 언제 세월이 이렇게 흘렀는지 알 수 없네요. 그간 잘살아 보려고 많이 애써 왔습니다. 여러분은 100세까지 건강하게 잘사세요."

뒤이어 아버지는 손자의 등에 업혀 덩실덩실 춤을 추면서 장내를 한 바퀴 돌며 일가친척들에게 다시 한번 인사를 했다. 마지막엔 직접 장구를 치며 친척들과 어울려 잔치 한마당을 펼치기도 하셨다.

문득 "한 송이 국화꽃을 피우기 위해 봄부터 소쩍새는 그렇게 울었나 보다"라는 서정주 시인의 시 한 구절이 생각났다. 아버지는 긴 세월 홀어머니 모시고 자식들 뒷바라지하며 이제는 늘그막에 엄마 병간호하느라 백발이 성성해지셨다. 그래도 이젠 자식들이 모두 좋은 직장에 다니며 열 명의 손자 손녀가 있으니 외롭지 않다. 황혼의 아버지에겐 자손들이 꽃이고 열매일 것이다. 오늘 이 자리가 얼마나 행복한가. 그간 이루지 못한 꿈들은 후손들이 모두 이루어 내리라 믿는다.

이제 부모님은 살아갈 날이 얼마 남지 않았다. 지금처럼 사는 날까지 행복하게 지낼 수 있었으면 하는 간절한 바람 하나 가져 본다.

100세까지 아름답고 행복한 삶을.

(2011. 10.)

# 자, 이제 집으로 가요

**엄마 발인제**에서 아버지가 말씀하셨다.
"자, 이제 집으로 가요."
마지막으로 큰절을 올리고 목울대까지 차오른 울음을 삼켰다.
엄마는 설 연휴를 잘 보낸 뒤 세상을 떠나셨다. 설날이면 시부모님 차례를 지내느라 친정엔 가지 못했다. 주말에 울적한 마음을 달래려고 가까운 사찰로 가던 중 큰오빠로부터 엄마가 돌아가셨다는 비보를 받았다. 아무리 아니라고 해도 우리 엄마의 부음이었다. 새해 들어 병문안 갔을 때 올해는 무난히 넘기실 수 있으리라 믿었다.
울산으로 가는 내내 비가 내렸다. 하염없이 울면서 지난날의 엄마를 생각했다. 엄마는 젊어서 쌀장사를 하며 우리 오 남매를 키웠다. 언니와 내가 도시에서 학교에 다닐 때, 항상 바빴던 엄마는 우리를 찾아오는 일이 극히 드물었다. 그런데 대학 입학 합격자 발표를 하던 날엔 엄마가 자췻집에 찾아왔다. 내가 대학에 합격하면 어쩌나 걱정하며 아무 연락도 없이 찾아왔다. 떨어졌다고 하니 조금은 마음 아파하면서 그냥 취식해서 논 벌면 좋겠다고 했다. 나는 한 달간 생각할 여유를 달라고 했다. 그 무렵 집안 형편이 어려운 것은 알고 있었지만, 대학 진학을 포기할 수는 없었다. 결국은 아무에게도 말하지 않고 마음에도 없던 대학교에 원서를 제출해 합격했다. 아마 이때가 엄마 마음을 가장 아프게 한 것 같다. 아버지께 합격 소식을 전하며 등록금을 부탁했더니 농협에서 융자를 내어 마련해 주었다. 다행히 대학 재학 중 장학금을 계속 받았고, 졸업 후 곧바로 농협 입사 시험에 합격했다. 엄마는 그런 막내딸을 대견해하면서도 미안해했다.

어느 해 가을 엄마는 추수를 끝내놓고 갑자기 뇌출혈로 쓰러졌다. 병원을 옮겨 다니느라 골든 타임을 놓쳐 제때 수술도 받지 못했다. 왼쪽 수족이 마비되고 언어까지 어눌하게 되었다. 일 년 정도 입원 후 퇴원해서 18년이 넘도록 집에서 지내야 했다. 그러다가 그동안 정성껏 돌보던 요양보호사가 그만두게 되었고, 아버지도 어깨 골절로 입원하게 되면서 엄마를 요양병원으로 모셔야만 했다. 엄마는 가기 싫어했다. 집을 떠나는 것이 두려웠을 것이다. 병원에 입원해 있던 아버지는 전화기를 붙들고 "불쌍한 네 엄마."라며 말을 잇지 못했다. 아버지는 아버지대로 엄마는 엄마대로 불쌍하고 가여워서 가슴이 아팠다.

　시설도 의료진도 또 간병인도 좋다는 요양병원으로 옮긴 엄마는 다행히 잘 적응해 갔다. 아버지는 입원 중인데도 본인의 몸은 생각지 않으면서 매일 병문안을 다녀와서는 엄마의 상태를 자식들에게 알려 주었다. 아버지는 퇴원 후 엄마를 집으로 데려오려고 했지만, 우리가 아버지를 설득하여 엄마를 병원에 그대로 계시도록 했다.

　오랜만에 엄마를 뵈러 가니 집에 있을 때보다 수척하고 표정도 어두웠다. 반가워서 손을 잡으며 눈물을 글썽이는 엄마를 보며 여름 석 달만 보내고 집으로 가자고 위로했다.

　그러나 입원 생활이 육 개월이 지나 여름도 지나고 겨울이 되자 중증 환자는 정책상 다른 요양병원으로 옮겨야 하는 일이 생겼다. 다시 옮긴 병원은 협소하고 시설도 허술해 보여 더 마음이 아팠다. 엄마의 얼굴엔 시간이 갈수록 주름이 깊어 갔고 몸도 앙상해졌다. 유동식만 드시는 엄마를 위해 호박죽을 끓여 드렸다. 그래도 엄마는 정신이 맑고 사람들을 다 알아보는 것이 예전과 똑같았다. 그러나 나는 엄마 옆에서 오래 머물지 못하고 일상으로 돌아와야 했다. 엄마의 손을 잡고 다시 가겠다고 했지만, 그

것이 엄마와의 마지막 시간이었다. 아무도 임종을 지키지 못한 채 훌쩍 세상을 떠나셨다. 그날 하늘에서는 종일 비가 쏟아졌다.

오빠의 승용차를 타고 병원으로 갔던 엄마는 영구차에 실려 그토록 그리워하던 집으로 돌아왔다. 아버지와 육십 년 넘도록 함께한 정든 집에 들러 방과 부엌, 집안 곳곳을 살피고 난 다음 집 앞에서 노제를 지냈다. 기온이 영하로 내려가 묘지 작업하던 사람들이 고생을 많이 했다는데, 하관할 때는 햇살이 따사로워서 다행이었다.

바다가 내려다보이는 정든 집, 평생을 살아왔던 집 뒷산 양지바른 곳에 엄마를 모셨다. 육신은 떠났지만 내 마음속에는 여전히 살아있는 모습으로 남아 그곳에서 우리를 돌보아 줄 것으로 생각한다.

"그리운 엄마, 사랑해요!"

(2019. 9.)

# 황혼의 고독

"아버지가 이상해."라고 언니로부터 문자가 왔다. 무슨 일이지? 치매? 하고 생각하고 있는데 아버지가 농협에 젊은 여자와 함께 와서 대출받아 갔다는 내용의 문자가 다시 왔다. 가능한 한 빨리 확인해 보고 오빠들과 의논해야 했다.

올해 초에 어머니가 돌아가신 후 아버지는 줄곧 집안에만 계셨다. 지난 이십 년 가까이 어머니를 간병하고 마지막엔 요양병원으로 보내면서 가슴 아파하셨다. 그리고 얼마 뒤에 엄마와의 영원한 작별 후, 커다란 집에 홀로 남겨진 연로한 가장의 외로움은 참으로 컸을 것이다. 그런데 근래에 전화기를 통해 듣는 아버지의 목소리는 활기찼다. 얼마 전 아버지를 찾아뵈었을 때, 낯선 목소리의 여성과 다정한 목소리로 통화하는 모습을 볼 수 있었다. 밝은 표정의 아버지를 보면서 누구냐고 물었더니 그냥 아는 사람이라고 했다. 그래서 그냥 좋은 친구로만 만나라고 말씀드렸다. 세상이 하 수상해서 이상한 사람들도 많다는 것을 알고 있기 때문이다.

　아버지의 친구 가운데 아랫마을 바닷가에서 횟집을 하는 분이 계신다. 어느 날 친구의 횟집에 가셨다가 그곳에서 여자분을 만나 친구가 되었다고 한다. 오빠들이 아버지 집에 가보면 전에 없던 반찬과 음식이 있어서 의아했는데 알고 보니 새로 만난 여자 친구가 해 준 것이었다. 아버지는 외동으로 자라서 그런지 사람들을 좋아하셨다. 특히 많은 사람과 어울리기를 좋아하며 함께 있으면 더 즐거워하신다. 그런 아버지에게 새 여자 친구가 다정하게 대해주니 얼마나 좋았을까.

　그러나 아버지를 만나 본 두 오빠는 아버지가 변했다는 사실을 인정해야 했다. 어머니가 병원에 입원해 계실 때 아버지는 혼자 병문안을 갈 일이 있으면 시내버스를 타고 다니셨다. 평소에 아버지는 우리에게 급하거나 짐이 있을 때만 택시를 타라고 하실 정도로 근검절약이 몸에 배어 있다. 그런 분이 여자 친구와 만날 때는 조그만 시골에서 택시를 타고 다니고, 비싼 횟집에서 식사할 때는 몇 십만 원을 아낌없이 지불하셨다. 그리고 내 재산 내 맘대로 쓰는데 무슨 상관이냐고 하셨다.

그 여자 친구에 대한 신분 확인이 필요했다. 둘째 오빠가 아버지의 여자 친구와 만났다. 그녀는 아주 허술한 몸빼바지 차림으로 나와서는 이혼녀에, 기초생활보장 수급자, 온갖 병이 많은 환자에 가까운 사람이라 했다. 모습도 수더분하게 보였다. 그런데 알고 보니 가난하고 불쌍한 척하면서 빚이 있으니 좀 갚아주면 좋겠다는 얘기를 아버지께 했다는 것이다. 믿음이 가지 않는 여자친구였다.

어머니가 돌아가신 이후 두 오빠는 회사 일을 마치면 교대로 시골집에 들러 청소며 식사, 집안일을 챙기며 아버지를 보살펴왔다. 하지만 부자지간에 다정함이 없이 그저 의무적으로 아버지를 보살폈을 것이다. 이십 년 가까이 엄마의 병상을 지켜오며 외로웠을 아버지는 가까이 아들이 있어도 하고 싶은 말을 할 수 없었을 것이고 우연히 만난 한 여자에게 자신의 모든 것을 퍼주고 싶었을 것이다. 오빠들이 집안을 드나들었어도, 아버지는 아들이 없는 시간대를 이용해서 여자 친구를 만났고, 여자가 원하는 대로 평생을 근검절약해서 모아두었던 돈을 모두 내주었다. 나중에는 대출까지 해서 여자에게 전한 것이다.

나는 간절한 마음으로 아버지께 "늘 염려하면서도 아버지의 외로운 마음을 저희가 가까이서 살뜰하게 보살피고, 헤아리지 못해서 많이 죄송합니다. 마음은 있었지만 멀리서 살다 보니 제때 아픈 마음을, 텅 빈 마음을 다독여 드릴 수가 없었네요. 이번 일을 계기로 우리들의 잘못한 점을 반성합니다."(생략) 라고 편지도 써서 보냈다. 황혼에 주체할 수 없는 외로움이 얼마나 컸을까 생각하니 가슴이 미어지면서 아버지의 마음을 이해할 수 있을 것 같았다.

일생에서 한 번 찾아오는 사랑이 있다고는 하는데, 도덕적이고 관습적인 것에 얽매이지 않고 황혼의 고독을 탈피하기 위한 환상이었을까. 겉으로만 사랑하는 척하고 돈만 요구하는 것도 모르고 무조건 즐거운 마음에 이제껏 잘 살아온 평생의 모든 것을 잊어버리고 백일 간의 일탈을 하신 걸까.

아버지께 그 여자 친구와의 만남은 정신적 물질적 손해가 클 것 같다고 간곡히 말씀드리니, 아버지는 이제 정신 차리고 모든 걸 끊겠다고 말했다. 더이상 연락도 하지 않고 일절 발걸음을 못 하게 하면서 생각할 시간을 갖기로 했다. 그러나 아버지는 혼자 집에 계시면서 외로움을 많이 탄다며, 사는 날까지 함께할 벗이 필요하다고 했다.

요즘 아버지는 당숙님의 소개로 착하고 건실한 여성분을 만나 서로 사귀는 시간을 갖고 지낸다. 서로 반려가 될 수 있을지 그저 친구로 남을 것인지 알 수 없다. 자식 된 도리로 아버지가 원하는 대로 해드리고 싶어도 말처럼 단순한 일이 아니다.

자식들도 감당하기 어려운 어르신들의 외로움, 함께 의논하고 생각하면서 황혼의 고독이 조금이라도 덜해졌으면 좋겠다. 남은 인생을 즐겁고 행복하게 보내려면 물론 가족들의 따뜻한 배려와 관심 어린 보살핌이 필요하다. 그러나 사회의 변화와 더불어 노년에 대처하는 문제가 한 개인의, 한 가족의 차원에서 나아가 사회적인 단계로 발전시켜야 한다. 노인 문제에 대한 전문가와 관심 있는 이들이 연구하여 좋은 방법을 찾아야 하고, 이를 실천할 수 있는 정부 시책이 나왔으면 좋겠다. 인생의 황혼은 나만의 문제가 아니라 우리 모두의 문제인 까닭이다.

아버지는 '황혼의 고독'을 안고 남은 생을 어떻게 살아갈까 궁리하고 계신다. 아버지의 황혼이 외롭지 않은 안온한 노을빛으로 물들면 좋겠다.

(2016. 10.)

# 아버지

"아부지, 폐렴 증세로 입원하셨다. 그리 알고 있거라."

큰오빠의 전화였다. 코로나가 기승을 부리던 2020년 봄이었으니 병원 입원도 만만치 않았다. 아버지는 코로나 검사 후 결과가 나올 때까지 사흘간 격리되어 계셔야 했다.

아버지가 얼마 동안 입원 치료를 받으셔야 한다기에 병문안을 갔다. 불과 일주일도 안 되었는데 아버지는 완연한 환자가 되어 침대에 누워 계셨다. 금식 중이었다. 폐렴 증세가 있는데 음식이 들어가면 기도가 막힐 수 있으니, 물도 마실 수 없는 상황이었다. 입술이 마르면 거즈에 물을 축여드리는 방법밖에 없었다.

하룻밤 아버지 곁에서 내가 할 수 있는 일은 거의 없었다. 링거 주사액이 잘 들어가는지를 살피고, 입술이 마르지 않게 젖은 거즈로 축여드리는 정도였다. 소변줄을 달고 계신 아버지의 두 다리는 거죽만 남아 있어 뼈만 앙상했다.

아버지는 할머니를 닮았는지 건강했다. 경운기 사고로 갈비뼈에 금이 가서 입원한 적이 있었지만, 병환으로 입원한 적은 없었다. 어쩌면 병이 날 겨를이 없었는지 모른다. 아픈 엄마를 오랫동안 간호하였으니 그럴 만도 했다. 당신의 몸은 제대로 돌보지 못하고 엄마의 병간호에 이십 년 가까이 온 힘을 다 쏟았다. 그 세월이 얼마나 힘들고 외로웠을까.

아버지는 대학병원에서 3주 후 요양병원으로 옮겨 가셨다. 거동하기가 불편하고 식사도 잘하지 못하니 그렇게 결정했다고 오빠가 전해 왔다. 가슴이 먹먹했다. 내가 나서서 모셔 오지 못하니 그 결정에 따를 수밖에 없었다. 멀리서 상황 설명만 듣고서 환자의 상태를 알기엔 역부족이었다.

다행히 수간호사로 오래 일해 왔던 친척이 그곳에 간호사로 근무하고 있었다. 그는 수시로 가족 단체 대화방에 아버지의 모습을 사진이나 문자로 알려주었다. 야윈 모습, 주무시는 모습이 대부분이었다. 통화를 하고 싶어 아버지 핸드폰을 머리맡에 두게 했지만, 말씀은 못했다. 그새 말문이 막혔나 보다. 삶을 모두 놓아 버리셨나. 설마 했는데 그럴 수가 있을까. 요양병원에 입원해 있으면 모든 기능이 급격히 떨어진다고들 하지만 아버지는 그렇지 않을 거로 생각했다. 평생을 아픈 곳 없이 건강하게 살아왔으니 믿어지지 않았다. 그러면 하실 말씀이 있으면 노트에 적어달라고도 해봤다. 손을 흔들며 없으시단다. 이미 모든 걸 체념한 것이었을까.

면회도 어려웠다. 그것도 겨우 면회를 미리 신청하고는 비대면으로 유리창을 사이에 두고 손도 잡을 수도 없이 얼굴만 보며 인터폰으로 말을 주고받았다. 옆에서 간병인이 보조해서 추가 설명을 해주는 게 고작이었다.

"아부지, 집에 가고 싶지요?"

내 물음에도 아버지 눈에는 눈물만 그렁그렁 보였다.

마지막으로 면회했을 때는 침대에 누운 채로였다. 나는 손만 흔들며 슬픔을 참으면서 쓸쓸하게 돌아왔다. 음식도 유동식으로만 호스를 통해 조금씩 투여한단다. 씹는 기능도 퇴화하니 맛을 못 느끼고, 언어도 퇴화할 수밖에 없었을 터였다.

코로나 거리 제한이 조금 완화되었다. 언니 형부와 함께 대면 면회를 신청하고 기차표도 예매해 두었다. 임종 면회란다. 무슨 청천벽력 같은 소식이란 말인가. 침착하고 담담해지기로 했다. 면회 예정 하루 전, 늦은 밤에 간호사로부터 연락이 왔다. 면회를 앞당겨 와도 된단다. 상태가 위중한 모양이었다. 가까이에 사는 두 오빠한테 연락해서 밤늦게라도 빨리 병원에 가 보라고 했다. 다음 날 아침 둘째 오빠는 벌써 부고를 준비하고 있었다. 급한 마음에 병원에 근무하는 고향 친구에게 전화를 했다. 아버지와 영상통화를 할 수 있도록 부탁했다. 곧 화면에 아버지의 병실이 나오고, 큰올케가 면회 중이었다. 올케가 아버지의 귀에 대고 늦게 찾아서 죄송하다며 눈을 좀 떠라고 해도 아무런 기척이 없으셨다. 아버지는 산소 호흡기를 하고 말없이 숨만 고르고 계셨다. 우리가 내려갈 때까지 조금만 더 기다려 달라고 부탁도 했다. 그러고는 마음의 준비를 하고 기차를 탔다.

2021년 10월 26일 오전 기차가 출발한 지 삼십 분쯤 지났을까. 큰오빠가 아버지 부고를 오 남매 단체 대화방에 올렸다. 아버지는 더 기다릴 수 없었는지 자식들의 임종도 없이 유명을 달리하셨다. 그나마 전날 밤늦게라도 두 오빠가 다녀왔으니 잘했다 싶었다. 앞이 캄캄하고 가는 내내 눈물이 줄줄 쏟아졌다. 코로나 속에서 요양병원 생활이 얼마나 힘들고 외로웠을까. 생각할수록 마음이 아팠다. 고생만 하고 황망히 떠나시다니….

처음 병원에서 아버지와 하룻밤 지냈던 날이 자꾸만 떠올랐다. 아버지는 목이 너무 타는지 물을 마시고 싶다며 물컵을 빼앗다시피 했다. 그래도 나는 거즈에만 물을 축여 입술 주위를 적셔 드렸다. 간호사 말을 들어야 했기 때문이다. 그렇게 삶에 대한 애착이 강했는데 한순간에 내려놓다니….

세월은 거스를 수 없다지만 그간 못다 한 부모님의 은혜는 어떻게 갚을 수 있을까. 이제 엄마 곁에서 편히 쉬실 수 있기를 빌어드릴 뿐이다.

"지실아\*, 니거는 별일 없나?"

오늘도 아버지 목소리가 귓가에 맴돈다.

(2023. 1.)

---

\* 지실(池室): 경상도 지역에서 딸이 결혼하면 그 남편의 성을 따서 부모가 부르는 호칭.

# 고향집 소요

**일이 손에 잡히지 않아** 서성이다가는 나도 모르게 KTX를 타고 울산 고향집으로 달려갔다. 천천히 추억이 어린 집을 둘러본 다음, 뒷산에 올라 할머니와 부모님 산소를 찾아 술을 한 잔씩 올리고 큰절을 했다. 그러고는 한참이나 앉아서 고향집을 내려다봤다.

백 년도 더 된, ㄱ자 형태의 남향집이었다. 대문에 들어서면 정면에 본채가 있고 우측엔 사랑채가 있었다. 본채엔 대청마루가 있어 여름에 뒤쪽 문을 열어 두고 누워 있으면 대숲의 바람이 한결 시원했다. 왼쪽엔 우물이 두 개가 있어, 물동이를 하나씩 들고 모여든 동네 아낙네들의 발길이 끊이지 않았다. 장독대 옆에는 앵두나무와 대나무 숲이 울창했다. 그리고 외양간에는 누렁

소 한 마리가 짤랑짤랑 워낭소리를 내곤 했다. 할머니와 엄마가 쿵더쿵쿵더쿵 방아를 찧던 디딜방앗간에서는 우리가 소꿉놀이하며 어른 흉내를 내기도 했다. 담장 밑에서 망초나 봉숭아 잎을 따서는 돌로 짓찧어 반찬을 만들어 감또개를 주워다 그 오목한 곳에 올리고 사금파리 조각은 큰 그릇으로 쓰곤 했다.

마당 한켠 텃밭에 심은 찰토마토는 간식거리로 좋았다. 쌀장사였던 엄마는 십 리나 되는 어촌으로 쌀과 함께 텃밭에서 뽑은 열무를 리어카에 싣고 가서 팔았다. 그 토마토밭은 셋째 오빠가 숟가락 투정하다 아버지한테 혼나면 숨곤 하던 곳이었다. 오빠 숟가락은 다른 형제와 달리 놋숟가락이었는데 그날 밥상에서는 그게 없다고 투정했다.

봄이면 뒷산에서 뻐꾸기가 울고 집 옆 논에서는 개구리도 개굴개굴 울어댔다. 봄에 태어난 나는 뒷산이나 밭둑에 앉아 봄나물과 쑥을 뜯기도 했다. 쑥을 한 소쿠리 뜯어 오면 엄마는 쑥털털이를 자주 해줬다. 취나물과 원추리, 냉이와 달래는 봄에 입맛 돋우는 데는 제일이었다.

여름이면 아버지는 밭 가장자리의 감나무 위에 원두막을 지어 놓고 우리들이 놀 수 있도록 했다. 하루는 외양간 소죽솥에 불 피워 두고 형제들이 모두 원두막에 가버린 탓에 큰불이 나서 하마터면 외양간의 소를 태울 뻔했다. 그 생각을 하면 지금도 아찔하다.

　여름밤에는 평상에 모여 앉아 마당 한쪽에 모깃불을 피워 두고 감자 한 솥, 노란 술빵 한 소쿠리 옆에 둔 채 이야기꽃을 피웠다. 평상에 누워 밤하늘의 별을 보며 북두칠성과 카시오페아 등 별자리 찾기 놀이를 했다. "언니, 저기 국자 모양 북두칠성이 있네." 별자리들은 그대로 자리를 지키고 있지만 푸르렀던 내 유년은 기억 속에 아련할 뿐이다. 사르륵사르륵 댓바람에 실려 떠났을까.

　어릴 때는 겨울 대숲 따뜻한 양지쪽에 앉아 쪼글쪼글하고 달콤한 고욤을 주워 먹곤 했다. 우물우물 고욤을 씹으며 위인전 등 독서에 빠져 있었던 기억이 난다. 지금은 대나무밭이 없어졌으니 그 많던 고욤은 다 어디로 갔을까. 눈 내리던 날이면 마당에서 강아지와 뛰놀다 눈사람을 만들던 즐거운 추억이 지금도 동화처럼 떠오르는 그 시절이 아련하다. 이제 모두 떠나고 그 그림자들만 아스라이 맴돈다.

　잔심부름은 당연히 막내인 내 몫이어서 논에서 일하는 아버지의 막걸리 심부름이나 새참 나르는 일을 재미있게 다녔다. 엄마는 새벽마다 일찍 일어나 나의 단잠을 깨워 낮에 나눌 수 없었던 이야기들을 하거나 구멍난 양말을 꿰매기도 했다. 겨울에는 가을에 창고에 쌓아둔 감을 홍시로 만들어 어촌에 갖다 팔기도 하셨다. 엄마가 주전 마을의 몽돌투성이 길에 리어카로 쌀 배달 갈 때면 엄마처럼 땀을 흘리면서도 뒤에서 힘껏 밀어줬다. 땀을 뻘뻘 흘리며 리어카를 끌고 가던 엄마는 머리에 둘렀던 수건으로 땀을 닦아주며 "숙아, 더운데 아이스께끼 하나 사줄까?" 하면 얼마나 신이 났던지. 그걸 아껴 가며 쪽쪽 뻘아 믹면 생각을 하니 그 달콤했던 시절이 사무치도록 그립다.

서울로 이사오던 나를 물끄러미 바라만 보던 엄마, 하고 싶은 말은 입속에서 맴돌다 눈가만 촉촉해졌다.

산소에 앉아 잔디를 쓰다듬다 보니 엄마가 묻는 듯하다.

"숙아, 너 잘 살고 있제?"

젖어 드는 두 눈 속에 포근했던 그 시절이 동화처럼 흘러간다.

(2023. 2.)

# 할머니를 생각하며

"할머니, 운명하셨다. 서둘러 내려와라."

2003년 10월 25일 아침, 둘째 오빠의 음성이 전선을 타고 들려왔다. 늦가을 토요일 오전이라 여유를 가지고 집안 이곳저곳을 청소하고 있을 때였다. 청천벽력 같은 소식이었다. 할머니가 돌아가시다니! 갑자기 슬픔이 복받쳐 올라 그냥 참고 있을 수가 없었다. 열흘 전에 보았을 때 아직도 정정한 모습이었는데 그렇게 쉽게 가시다니 믿을 수가 없었다.

할머니는 다른 때보다 열흘 앞당겨 아버지 생신을 챙겼다. 추수도 빨리하자고 재촉해서 예년보다 빨리 끝냈다. 이승을 떠날 채비를 하고 계셨는지 모른다. 추수를 끝내기 무섭게 할머니는 숨이 가쁘다며 병원에 입원하셨다. 3일간 중환자실에 계시다가 그날 아침은 많이 호전되어 일반실로 옮기려고 대기 중에 있었다. 오빠가 아침에 퇴근하여 병원에 들렀다가 잠시 눈 붙이려고 집에 간 사이 운명하셨다. 오빠가 채 눈도 붙이기 전에 위급하다는 의사의 전화를 받고 병원에 달려가 보니 그사이 할머니는 운명하셨다는 거였다. 오빠는 할머니의 임종도 못 했다며 애달파 했다.

할머니는 젊어서 할아버지를 일찍 여의고 외동아들인 아버지를 애지중지 키우며 사셨다. 아버지는 할머니의 간절한 소망에 따라 일찍 결혼해서 오 남매를 뒀는데, 할머니가 거의 다 키우다시피 하셨다. 어머니는 집안 생계를 책임지고 돈 버느라 바빠서 집안 살림은 제대로 못 하셨다고 한다. 여행 한번 못 보내드려 늘 안타까워하셨다. 할머니는 뇌출혈로 쓰러진 어머니 병간호를 5년이 넘도록 도맡아 하셨다. 돌아가시기 전날까지도 아버지의 된장찌개 걱정을 하셨다니 그 정성을 짐작할 만하다.

할머니는 한 번도 앓아서 누운 적이 없으셨다. 주위 사람들은 사정도 잘 모르고 복 많으신 노인이라고 했다. 너무 할 일이 많아서 당신 몸을 돌볼 겨를이 없었나 보다.

언니 오빠들이 도시로 가서 자취하며 공부할 때 할머니는 그곳까지 따라가서 손자 손녀의 밥을 해준 적도 있었다. 지금 생각하면 언니 오빠들이 할머니에게 얼마나 괴로움을 끼쳤을까마는 한 번도 그 수고로움을 괴로움으로 여기지 않으셨다. 우리 오 남매가 다 성장한 뒤에도 할머니의 은혜를 알고는 있었지만, 효도 여행 한번 보내 드린 적이 없었다.

내가 서울로 이사 와서 겨울에 한파가 걱정되어 전화를 드리면, "지실아, 집에 오고 싶지?" 하며 오히려 나의 서울 생활을 걱정하셨다. 구십이 된 연세에도 전화도 잘 받고, 아들 며느리 조석을 챙기며 지내셨다. 얼마간은 꿈속에서도 자주 보이더니 요즘 들어 통 볼 수 없다. 하늘나라에서 이제는 편히 계시리라 생각된다.

할머니가 돌아가신 후 커다란 새 한 마리가 집에 날아와 집 주위에서 맴돌며 울었다고 한다. 할머니가 환생해서 오신 것처럼 위로가 되기도 했는데, 그 새는 우리 집을 지키려는 듯 백여 일을 집안에서 지냈다고 한다.

장례일은 늦가을이었는데도 봄날처럼 포근했다. 환자로 누워 있는 어머니를 일으켜 상복을 입혀 드렸다. 모두 어머니를 부둥켜안고 슬피 울었다. 말도 못 하는 어머니는 얼마나 슬프고 마음 아파했을까? 당신 병간호 때문에 할머니가 가시는 그날까지 편하게 지내지 못했으니. 입관할 땐 할머니는 인형처럼 예뻤다. 주름살도 하나 없이 예쁘게 화장한 모습이 아직도 눈에 아른거린다. 허리가 굽어서 평소에 반듯하게 누워 잠자지 못했는데 관 속에서는 반듯하게 펴 드렸다. 이젠 긴긴 잠을 편히 주무실 수 있으리라.

 아버지는 슬픔을 감출 수가 없어서 거의 일 년 넘게 문밖출입을 자제하셨다. 몸이 불편한 어머니를 위해 이제는 할머니 대신 손수 조석을 챙기고 살림을 도맡아 하셔야 했다. 반백의 머리가 완전 백발이 되어 우리 마음을 더욱 애잔하게 만든다. 멀리 있어서 가보지 못하고 안부 전화만 하면 아버지는 우리를 안심시키느라 먹을 거 있고 방안에만 있는데 춥긴 왜 춥냐고 하신다.

 설날엔 딸아이와 소주를 한 병 사 들고 할머니를 찾아갔다. 평소에 소주를 좋아하셨기 때문이다. 잔디도 뿌리를 내렸는지 예쁘게 잘 자라 있었다. 봄날이 되면 할미꽃 한 송이 피어나서 우리를 반길 것만 같았다. 어쩌면 뒷산에서 우리 집을 늘 지켜보고 계시는지도 모르겠다.

 할머니! 할머니가 사랑해 주던 손녀 지실이입니다. 저승에 가서도 우리를 지켜봐 주시겠지요. 부디 좋은 곳에 가셔서 편히 지내시길 빕니다. 생전에 저희를 돌봐주신 것처럼 우리를 항상 지켜봐 주시고, 잘못이 있으면 깨우치게 해 주세요. 할머니로부터 받은 그 사랑을 잊을 수가 없어요. 그 사랑을 항상 마음속에 간직할게요.

(2005. 2.)

## 셋째 오빠

1994년 10월 16일은 잊을 수 없는 날이다.

오빠가 회사에서 야유회 행사를 떠나려다 차 속에서 쓰러졌다는 다급한 연락을 받았다. 오빠는 정신을 잃고 응급실로 실려 갔고, 며칠 후 장시간 수술을 받았다. 오빠는 중환자실과 일반실로 왔다갔다 생사의 갈림길에 있었다.

고향에서 달려간 아버지와 큰오빠는 넋을 잃고 있었다. 누구보다 바로 옆에서 이 모든 상황을 지켜본 올케언니는 혼이 빠지기도 했을 테다. 남몰래 눈시울도 많이 적셨을 거다. 다행히 면회가 가능할 정도로 오빠의 몸은 점차 회복되었고 한 달 동안 가족 모두와 친척들이 병문안을 다녀왔다.

부모 손이 가장 많이 필요할 때인 열 살과 일곱 살인 조카가 있었다. 아이들의 아빠는 병원에 입원하고 엄마는 간호해야 할 형편이었으니 그 애들에게는 얼마나 힘든 나날들이었을지 짐작이 간다. 돌아보니 감사하게도 조카들은 잘 자라고 있었다.

학교 다닐 때 오빠는 용돈을 아껴 인문계 과목 참고서를 구입해 주곤 했었다. 소위 임관 후에는 첫 월급을 받아 대학생인 내게 용돈도 보내줬다. 오빠의 뇌출혈 판정을 받은 그때 나는 딸아이를 출산하여 친정에서 산후조리 중이었다. 너무 놀란 나머지 큰 충격으로 모유가 멈춰버려 우유만으로 아이를 키워야 했다. 내가 아끼고 의지한 오빠여서 산후조리 중인데도 온 신경을 다 쏟다 보니 아기에게는 황달까지 오기도 했다.

오빠는 모든 치료 과정이 끝나 병원에서도 퇴원했으나 약간의 인지 장애와 어눌한 말투는 끝내 회복되지 않았다. 결국, 장애 판정을 받았고 산재 처리로 마무리되었다. 당시 회사 경영정보실의 전산 업무가 주요 업무였는데, 그 일을 못 하게 되고 자연 퇴직이 결정되었다. 얼마나 앞이 캄캄했을까…. 그때 오빠 나이가 서른일곱 살이었다.

그래도 꾸준하게 재활 치료를 받으며 조금씩 몸이 좋아졌다. 오빠에겐 일 년여의 세월은 기적이었다. 올케는 정성을 다해 간호했다. 거의 넋이 나갈 정도로 살아왔다. 오빠는 가족 중에 가장 장래가 촉망되었는데 하루아침에 아무것도 할 수 없는 사람으로 되었으니 부모님 가슴에 아픈 응어리를 남겼다.

신은 감당할 수 있는 정도로만 아픔을 준다고 했던가. 그걸 위안 삼아 오빠는 살아가고 있다. 젊은 나이에 공공근로도 하고 지금은 환경업체에 소속되어 백화점 환경미화원으로 일을 하고 있는데 버거워 보인다. 가끔 간질 증세가 발병해 응급실로 실려 가기도 한다. 더이상 일을 할 수 없을 것 같다.

지금은 올케가 폐 질환을 앓고 있어 숨쉬는 것을 힘들어하고 있다. 그간 오빠가 간호받으며 빚지고 살았으니, 역할이 바뀌어 옆에서 올케를 돌봐줘야 할 것 같다.

조카들은 결혼하여 아들과 딸을 낳아 잘살아 가고 있다. 어릴 때부터 자립 생활에 익숙해져 빨리 철이 들었다. 고마운 일이다. 손주들 재롱을 보며 오빠 내외도 여생을 보내야 하는데 올케가 아프니 날마다 기도 속에 살아가고 있다. 오빠는 부모님 은혜도 제대로 갚지 못했는데 어머니 아버지가 저세상으로 가셨다고 애달프다고 한다.

오빠가 더 이상 아프지 않고 지금 상태만이라도 유지하고 잘 살아가길 바랄 뿐이다. 고통의 긴 터널을 빠져나왔으니, 세상의 밝은 빛을 제대로 받길 빌어본다.

(2024. 10.)

# 어머님의 손맛을 그리며

**아파트 앞 공터에는** 매주 목요 장터가 열린다. 오랜만에 얼갈이김치를 담그려고 마늘, 고추, 생강, 쪽파 등을 사서 다듬는데 이런저런 생각들이 떠오른다. 학생 시절 자취할 때는 배추 한 포기씩 김치를 담가 먹었다. 결혼한 후로는 어머님이 손수 담가 주는 것을 받아먹기만 했다. 김장 때도 어머님 댁에서 조금 도와드리고 겨우내 먹을 김치를 갖고 왔다.

어머님이 담그는 김치는 유난히 맛있었다. 가을이면 "큰애는 가을 얼갈이김치를 좋아한다."며 맛있게 담가서 보내주셨다. 김치를 담글 때면 김장하듯 많이 해서 4 남매 모두에게 골고루 보내 주셨다. 그 많은 김치를 담그면서 힘이 들어도 나눠주는 기쁨에 늘 즐거워하셨다. 김치를 받아먹을 때면 어머님의 손맛을 통해 사랑이 느껴졌다.

억척스런 어머님께 당뇨병이 찾아왔다. 병원에 다니라고 말씀 드려도 늘 괜찮다고 하면서 치료를 제대로 받지 않으셨다. 결국엔 합병증이 하나둘 생겼다. 병은 걷잡을 수 없이 빠르게 진행되었다. 한 가지 증세만 오는 것이 아니었다. 백내장이 발병해서 수술하고 안압이 높아지면서 망막증이 오고, 안과 치료를 받는 중에 심장이 나빠져 심장 조형술도 받았다. 나중엔 신장이 안 좋아 신부전증으로 혈액투석을 받기도 했다. 두 시간도 넘는 투석을 잘도 견뎌 내셨다. 늦은 가을 어느 날, 안부 전화를 드렸더니 그간 못하던 식사도 잘한다며 밝은 목소리로 말씀하셨다.

어머님과 통화한 지 며칠 되지 않아 "형님, 바빠도 아주머님과 빨리 한번 내려와야겠어요. 어머님이 또 입원하셨어요." 하는 동서의 다급한 전화를 받았다. 남편은 해외 출장 중이라 내가 먼저 어머님이 입원한 울산 병원으로 갔다. 어머님은 중환자실에서 산소호흡기를 하고 눈만 껌뻑껌뻑하고 계셨다. 뇌출혈로 마비가 오면서 말씀도 못 하셨다. 어머님의 손을 잡고 소리쳐 보아도 아무런 반응이 없었다. 의사가 마음의 준비를 하라고 했다. 어떻게 하면 좋을지 형제들과 의논하면서도 발만 동동 구르다가 침착해지려고 했지만, 진정할 수가 없었다. 출장 중인 남편에게 급히 오라고 연락했다. 일정이 남아 있었지만, 중지를 모아야 할 것 같았다. 다음 날 남편이 와서 가족회의를 했다. 만약을 위해 장례에 관한 사항도 미리 의논하고 공원묘지도 알아보았다.

다시 일상으로 돌아왔지만, 일이 손에 잡히지 않았다. 일주일쯤 지났을 때 어머님이 운명했다고 전해왔다. 중환자실에 계셨지만, 아이들에게 어머님 살아계실 때 한 번이라도 더 뵙도록 주말에 기차표도 예약해 두었는데 어머님은 떠나셨다. 부모님은 기다려주지 않는다는 말을 절감했다.

택시를 타고 새벽에 도착한 장례식장엔 가족들이 진한 향 내음 속에서 주체할 수 없는 슬픔에 잠겨 있었다. 정신을 잃은 아버님은 늘 어머님 곁에서 생시에 하던 것처럼 중얼거리며 얘기하고 계셨다. 어머님은 어찌하여 인생의 긴 여정을 그렇게도 급히 떠나가셨을까. 입관할 때는 부디 좋은 세상 가서 편안해지길 간절한 마음으로 빌어드렸다. 큰 체구의 어머님이 바짝 마르도록 고통스러운 마지막을 보냈다는 생각을 하니 입관하는 내내 눈물만 하염없이 흘러내렸다.

가을이다. 며칠 후면 어머님 기일이다. 벌써 삼 년이 지났다. 아버님이 계실 때는 고향에서 어머님 제사를 모셨지만, 올해 초에는 아버님마저 세상을 떠나셨다. 얼마후 맏이인 우리 집으로 제사를 모셔 왔다. 어머님 기일이면 고향에서 두 시동생 내외와 시누이 내외가 상경한다. 그래서 얼갈이김치를 담그기로 했다.

형제들은 똑같이 어머님의 손맛을 그리워할 것이다. 오랫동안 그 맛을 보지 못했으니 내가 비슷하게 흉내를 내어 김치를 담가 본다. 어머님이 담근 것만큼 맛있을지는 몰라도, 그와 비슷한 손맛이라도 전할 수 있으면 좋겠다. 식구들이 김치를 맛있게 먹어 주면 고맙고 즐거울 일이다. 어머님이 김치를 담가 나눠 주면서 즐거워하셨듯이 나 또한 즐거운 마음으로 기다린다.

(2011. 12.)

# 2부
# 가족 사랑

# 이등병 계급장

**덜컥 현관문이** 열리더니 까맣게 그을린 아들이 들어오는 게 아닌가. 깜짝 놀라 이름을 부르며 부둥켜안다가 깨어났다. 아들이 꿈에 보였다.

아들은 초여름에 논산훈련소로 입소했다. 친구들보다 좀 늦게 입대했다. 태어나서 줄곧 함께 지내오다 갑자기 입영통지서를 받고 떠나서인지 그간 못다 해 준 일들로 인해 날이 갈수록 염려가 앞섰다. 아들이 보내온 편지에는 괜찮다고 했지만 그래도 엄마로서 마음은 불안했다.

첫아들을 낳았다고 어머님은 온 동네 사람들에게 자랑하며 기뻐했다. 출산 전날 약간의 진통이 있어서 어머님께 얘기했더니 "야야, 네 얼굴이 찌푸려지지 않으니 아직 멀었나 보다. 그냥 자라."하며 집으로 가버렸다. 밤이 깊어 갈수록 통증이 심해지더니 결국은 출산준비물 가방을 챙기고 자정 무렵 입원했다. 아파서 신음하는데도 당직 간호사는 옆에서 쿨쿨 잠만 자고 있었다. 아무리 아파도 아침이 되어야 출산할 거라며 그냥 잠을 자라고 했다. 정말로 꼬박 밤을 세워 아침에 출산했다. 아이의 첫 울음소리를 듣는 순간, 그간의 진통은 모두 잊은 채 기쁘기만 했다.

하지만 나는 아들과의 행복한 시간을 나눌 여유도 없이 직장에 출근해야 했기에 아들은 어머님이 키워주었다. 아들이 집안의 첫손자이다 보니 어머님의 각별한 사랑 속에서 자랐다. 그렇게 자라던 녀석이 낯선 서울로 왔으니, 할머니를 많이 그리워했을 것이다. 할머니가 세상 떠나시던 날 가장 많이 슬퍼하며 울던 아들이다. 군대에 가기 전에 고향의 산소에 들러 큰절을 하며 무사하게 다녀올 것을 다짐하기도 했다.

입영한 며칠 후 아들에게서 전화가 왔다. 목이 메어서 겨우 통화했는데 고교 시절에 했던 무릎 성장판 검사 진단서를 찾아서 보내 달라는 것이었다. 그걸 왜 보내라고 하는지 의아했지만, 나중에 보내온 편지를 읽어 보니 이해가 되었다. 아들은 입영 후 처음 삼일간은 수백 번도 더 집에 오고 싶어 진단서라도 첨부하면 다시 집으로 돌아올 수 있을까 하는 어리석은 생각을 한 것이었다. 아들이 많이 힘들어하는 것 같아 걱정되어 꿈에 보인 것

일까.

  일주일 후 편지와 함께 입고 간 옷과 신발이 택배로 왔다. 조심스럽게 개봉해서 딸이 편지를 읽었다. 강제로 쓰는 편지가 아니라 진심으로 쓰는 것이라면서 앞뒤 빽빽하게 두 장을 적어 보내왔다. 평소에는 편지도 잘 쓰지 않는 아이가 그것도 며칠간 잠깐잠깐 틈을 내서 긴 편지를 쓴 게 기특했다. 그간 힘들어하며 견뎌 온 얘기와 있을 때 잘하지 못한 점을 후회한다고 조목조목 쓴 글에 우린 웃다가, 감동으로 눈시울이 붉어지기도 하면서 긴 편지를 다 읽었다. 남자는 군대를 다녀와야 사람이 된다고 하는 말이 거짓이 아니라는 말도 썼다.

  아들이 훈련소에 있는 동안 나는 인터넷 게시판에 매일매일 편지글을 써 올렸다. 그간 대화도 별로 하지 않고 살았지만, 쓸수록 할 말이 더 많아져 좋았다. 그래야만 '그날 일과를 다 해냈구나!' 하는 생각이 들었다. 그간 애틋한 마음이 없었는데, 지나간 날에 대한 보상이라도 하고 싶은 마음이 생겼다. 아들에 대한 내 마음이 날마다 새로워지는 것이었다. 어릴 때 어머님이 손자 사랑을 독차지하다 보니 엄마인 나는 밀려나 그냥 먹이고 입히는 의무적인 엄마였던 것 같다. 아들은 자라면서 크게 아팠던 기억도 없었고, 말썽 한번 피우지 않고 착하게 잘 자라줬다. 그래서 큰 신경을 쓸 것도 없었다. 수능시험을 세 번 치르느라 마음 졸이긴 했지만 무탈하게 커 줘서 한편으로는 그간 못다 한 사랑을 군에 있을 때라도 베풀고 싶었다.

훈련소 수료식 날 우리 가족은 설레는 마음으로 이른 새벽 논산훈련소로 향했다. 수많은 군인 속에서 겨우 아들을 찾아 감격의 눈물을 훔치며 큰 포옹을 했다. 아들은 제법 군인다운 모습을 갖추고, 군의 첫 관문인 훈련소 생활을 무사히 수료했다. 그간 고생하면서 수료한 것을 칭찬하며 가슴에 이등병 계급장을 달아주었다. 또한, 아들의 등을 토닥여 주며 고생했던 지난 시간을 잘 버텨준 걸 장하다고 가족사진을 수료 기념으로 찍었다.

어릴 때 잘 키워주신 어머님께 고맙다는 생각이 들었다. 만남의 기쁨을 뒤로한 채 "충성!" 하고 다시 군대로 돌아가는 뒷모습, 손 흔들며 뒤돌아보는 아들의 모습을 보니 마음이 짠해졌다. 철없던 아이가 이제 당당한 국군이 되어 내 앞에 섰다. 군 생활을 시작하는 아들을 보면서, 첫 훈련 과정을 마쳤으니 남은 군 복무 기간도 잘 견디며 버텨 내리라 생각했다.

(2014. 9.)

# 딸의 홀로서기

"엄마, 나 독립하면 안 돼?"

지난해부터 딸이 수시로 독립하겠다고 해서 나를 당황스럽게 했다. 망설이다가 딸의 독립을 도와 방을 구해주기로 했다.

한정된 금액으로 원하는 방을 구하기는 쉽지 않았다. 원룸 형태라 대부분 좁았다. 아파트에 지내다 마음에 드는 공간을 찾기란 더 어려웠다. 월세를 조금 높여 약간 넓은 공간을 찾아봤다. 전철역에서 가까운 원룸도 괜찮아 보였지만 딸은 거실도 함께 있는 방을 보고서는 그게 더 맘에 든다고 했다. 바로 임시 계약을 하고 일주일 후에 이사하기로 했다.

그곳은 풀옵션이라서 냉장고, 세탁기, 텔레비전, 전자레인지 등이 갖춰져 있었지만, 실제 살림살이에 필요한 건 더 많이 있어야 했다. 부엌 용품, 욕실용품, 먹거리 등등 준비할 게 한둘이 아니었다. 꼭 필요한 것들은 거의 마련해 주고, 부족한 게 있으면 살면서 채우라고 말했다.

  내가 대학교 다닐 때 자취한 곳은 시장 골목 끝, 기와집의 문간 빙이있다. 처음엔 사글세로 살다가 계약 기간이 끝나 이사하게 되었는데 무엇보다 전세도 저렴했고 주인 아주머니도 좋아 보여 그곳을 택했다. 그 집은 골목길이라 새벽이면 두부 장수의 외치는 소리, 지나가는 사람들의 웅성거림 등이 있었다. 그래도 학교와 가까워서 생활하기엔 그다지 불편하지 않았다. 학교 주변은 학생들의 주머니 사정을 고려하여 방세도 정해지는 듯했다. 그 시절엔 한 달 용돈을 받으면 그것으로 쪼개고 쪼개서 빠듯하게 사는 게 일상이었다. 사십여 년이나 지난 지금과 비교할 바는 아니지만, 그때는 그랬다.

  딸이 대학교 때 삼 개월 정도 기숙사 생활은 했어도 자취 생활은 처음이다. 다 알아서 할 테니 걱정하지 말라고 했지만, 부모로선 걱정이 앞서지 않을 수 없었다. 재택근무가 많을 때는 일에 집중하다 보면 식사 준비도 시간 낭비라고 배달 음식을 주문해서 먹기도 했지만, 지금은 그렇게 다 할 수가 없을 것이다. 딸이 함께 있을 때도 혹시 공부나 취업 준비에 방해가 될까 봐 항상 조용조용 지내고 대화도 제대로 못 한 것 같아 아쉽고 미안한 마음이었다.

그런데 갑자기 떨어져 있어야 한다니 더 신경이 쓰인다.

지난 연말엔 딸애와 함께 여행을 다녀왔다. 그날은 딸이 더 넓은 세상 속으로 잘 걸어갈 수 있도록 선물처럼 큰 힘을 안겨주고 싶어서 준비한 것이다. 영주의 소수서원, 부석사, 무섬을 둘러보았다. 딸이 자동차를 직접 운전했다. 딸은 안개가 자욱하고 진눈깨비마저 쏟아져 앞이 잘 보이지도 않는 길을 용케도 잘 뚫고 달려갔다. 나는 옆에서 딸에게 엄지를 치켜세우며 베스트 드라이버라고 박수를 보냈다. 그동안 딸은 터널 속처럼 어둡고 긴 코로나 팬데믹 기간을 거치면서 학교공부와 취업 준비를 하며 쉼 없이 달려왔다. 지켜보며 마음 졸인 기다림의 날들, 고비마다 참고 지나온 시간이 주마등처럼 스치고 지나갔다. 그러한 것들이 우리 모녀에게 살아가면서 더 사랑하고 더 감사한 마음을 갖게 할 수 있기를 바라는 마음이다.

여행의 막바지에서 한옥스테이 겸 자연밥상으로 힐링할 수 있고 밤에는 별이 쏟아진다는 숙소를 찾아갔다. 친구가 직접 설계하고 지은 한옥이었다. 넓은 잔디밭과 책방 그리고 별을 볼 수 있는 다락방까지 주인의 손길이 곳곳에 닿아 더 정감이 갔다. 곳곳에 그림들이 걸려 있어 마치 갤러리에 온 듯 기분이 좋았다. 와인을 좋아한다는 주인장은 항아리 숯불 바비큐를 구워 그녀만의 특별한 음식을 차려냈다. 그 친구는 나보다 내 딸과 대화하기를 즐거워했다. 평소에 말이 없던 아이도 신이 나서 젊은 세대의 생각을 전하며 늦은 밤까지 이야기꽃을 피웠다. 한 해 동안 딸과의 시간을 제대로 갖지 못했는데 그렇게라도 함께할 수 있어서 고마웠다.

  딸이 대학에 입학하고 처음 가입한 봉사단체 '꿈틀 꽃씨'에서 정성과 사랑으로 환아를 돌봤던 그때 그 마음처럼, 주위에 따뜻한 온기를 불어 넣으면서 살아주면 좋겠다. 선택의 갈림길에서 막막하고 힘들 때, 여행하며 넓은 세상을 경험한 딸은 또 다른 꿈을 꾸며 멋지게 세상을 살아가리라 믿는다.

  경제적으로 넉넉하지 않아 어렵게 보냈던 나의 청소년 시절을 딸에게는 물려주고 싶지 않았다. 그래서 딸이 원하는 대로 공부하게 했고 지원을 아끼지 않았다. 그런데 지나고 보니 모녀간이라는 입장에서, 엄마로서 나는 딸에게 토닥거림이 부족하지 않았나 하는 자책을 하고는 한다. 딸은 긴 대학 생활을 보내고 지난해 졸업했다. 이제는 취업하고 직장에서 앱 개발자 일을 하며 컴퓨터의 창窓으로 시작해 창으로 하루를 마치는 세상 속에서 살아가고 있다. 딸이 사이버 공간에서뿐만 아니라 현실 공간 속에서도 인정받고, 마음껏 즐길 수 있기를 바란다.

  이제부터 딸이 꽃길에서 홀로서기를 바라지만, 그래도 가끔은 든든한 등받이가 되어주고 싶다.

(2022. 4.)

## 아내의 방

**부럽다는** 생각이 들었다.

섬진강 변 아름다운 전원주택에 은퇴 이후 부부의 멋진 삶이 펼쳐지고 있었다. 아내의 서재와 남편의 명상실 등 각자의 독립된 공간을 가진 멋진 집을 구경하는 중이었다. 우리 부부가 꿈에 그리던 그런 집이었다.

아내와 나는 텔레비전 방송의 건축에 관한 다큐멘터리를 시청하고 있었다. 집과 사람, 공간과의 유기적 관계를 담은 내용이었다.

나는 퇴직 이후 자주 이 프로를 보면서 머릿속으로는 수없이 많은 집을 지어 보고는 했다. 그동안 고생한 아내가 퇴직하면 그토록 원하는 자연과 함께할 수 있는 멋진 집을 지어 선사하고 싶은 마음에서였다.

 어릴 때는 가난하여 가족 모두가 방 한 칸에서 살았다. 부모님이 열심히 노력한 덕분에 처음으로 우리 집을 갖게 되었을 때의 기쁨은 이루 말할 수가 없었다. 이제는 부모님이 모두 돌아가시고 내가 우리 형제 중의 어른이 되었다.

 결혼하면서 아내도 계속 경제활동을 해서 다른 사람보다 일찍 내 집을 마련했다. 아내는 힘들어하면서도 회사 생활을 열심히 잘 해왔다. 내가 발령받아 서울로 오게 되면서 고향에서의 생활을 접고 우리는 새로운 환경에 적응해야만 했다. 아내는 소통의 공간을 찾다가 대학의 평생교육원에서 글쓰기를 배우더니 수필가로 등단도 했다.

 그런데 아내가 마음 편히 글을 쓸 수 있는 서재가 아직 없다. 더구나 지난해 퇴직한 나는 대부분 거실에서 생활하는 편이다. 안방은 잠자는 공간으로만 사용하다 보니 아내는 거실이나 딸내미 방으로 옮겨 다니며 잠깐씩 글을 쓰곤 한다.

 결혼 초, 아내와 나는 신혼집이 마침 공사 중이어서 4개월 동안 부모님과 함께 단독 주택에서 살았다. 우리가 지낸 문간방은 장롱과 화장대를 놓고 나면 겨우 두 사람 누울 공간만 있었다. 더구나 거실과 안방 부엌이 붙어 있어 항상 모든 걸 조심해야만 했다. 집안의 풍습 등을 익힐 수는 있었지만, 직장에 다니는 아내에겐 여간 불편한 게 아니었을 것이다.

아내는 처가의 막내지만 우리 집에서는 맏며느리다. 맏이라는 부담 때문에 결혼을 잠시 망설이기도 했으나 부지런한 장모님을 닮아서인지 맏며느리 노릇을 잘하고 있다. 신혼 때 어머니는 밥을 보온밥통에 오래 두고 먹으면 밥통을 던져 버릴 거라고 했는데 내가 삼십여 년 가까이 직장생활을 하면서도 갓 지은 아침밥을 거른 적이 거의 없었다. 아내의 성품을 보면 꼭 어머니의 말씀이 아니어도 그렇게 꼬박꼬박 갓 지은 밥을 식탁에 올렸을 것이다. 요즈음 바나나, 시리얼 등으로 아침을 때우는 신세대들에게는 기대할 수 없는 열성이 아닐까.

나는 퇴직 이후 집에 있는 시간이 많아도 삼식이 남편은 되지 않기로 작정했다. 요리 수업도 받아 보았지만, 경험 부족 탓인지 마음대로 되지 않았다. 그냥 아침은 간단하게 빵과 달걀부침, 요플레, 과일 등으로 해결한다. 하지만 하루 한끼는 아내가 정성껏 식사 준비하는 걸 잊지 않는다. 지금도 직장에 다니는 아내에게 내가 맛있는 밥상을 차려주고 싶은데 아직은 서툴다.

직장에 다닐 때는 빨리 퇴직해서 아내와 함께 여행하고 싶어서 틈나는 대로 여행 관련 서적이나 자료들을 찾으며 많은 걸 준비하기도 했다. 그런데 올해는 코로나19 여파로 꼼짝을 못 하고 있다. 아내는 가능한 한 내게 자유를 주고 싶어 하는 눈치다. 그러다가 가끔 직장에서의 스트레스를 집에 와서 해소하려는 듯 언성을 높이기도 한다. 아내도 이제 세월의 무게만큼 심신이 많이 지쳤나 보다. 때로는 갱년기 특유의 증상처럼 보여 안쓰럽기도 하지만, 그럴 때마다 나는 소리를 낮추라고 일축해 버리고 만다.

  아내는 건축에 관한 다큐멘터리 방송을 보면서 자신도 그 집 안주인처럼 독립된 공간을 갖고 싶다며 날마다 노래하듯 읊어댄다. 책을 읽고 글을 쓰면서 음악도 듣고 차도 마실 수 있는 카페 같은 편안한 공간을 만들어 달라고.

  오늘도 나는 유튜브나 텔레비전 방송의 여러 채널을 넘나들며 아내가 원하는 멋진 전원주택을 수없이 지어 보고 있다. 어떻게 하면 '아내의 방'을 최고의 공간으로 만들지 상상하면서….

(2019. 9.)

# 생일 선물

**내 생일은 음력** 3월 2일, 삼월 삼짇날 하루 전이다. 양력으로는 3월 26일이다. 참 좋은 계절에 태어난 것 같다. 꽃이 만발하고, 온 산과 들판은 연녹색 새싹들로 뒤덮여 있으니 말이다.

엄마는 어릴 때부터 잊지 않고 생일을 챙겨주었다. 큰 잔치를 하는 것은 아니고 찰밥과 미역국을 끓였다. 엄마가 하는 것을 보면서 자라서인지 내가 어른이 된 후로 가족들 생일은 항상 달력에 동그라미를 해놓고 가족의 행사로 여긴다. 내 생일도 마찬가지다. 애들이 보고 배우라고 늘 찰밥과 미역국, 나물, 생선, 잡채 등의 반찬으로 생일상을 차린다. 내가 내 생일을 챙기기가 뭐해도 그냥 지나치진 않는다.

대학 1학년 때 생일날이 생각난다. 생일이 다가오면 엄마가 고생한 날이라고 엄마를 뵈러 가곤 했는데 대구에서 자취하고 있었기 때문에, 고향집에 가지 못하게 되었다. 학교에서 내 생일을 알게 된 친한 친구들이 자취하는 집에 찾아온다고 했다. 학기 초 신입생인지라 바깥에서 밥 먹는 것은 낭비라고 생각해서 집으로 오기로 힌 것이다. 하필 생활비가 거의 동이 난 생일날이었나. 주머니엔 천 원짜리 한 장 정도 있었던 걸로 기억된다. 구멍가게에 가서 사정을 얘기하고 처음으로 라면을 외상으로 가지고 왔다. 그간 신용이 있었는지 주인은 선뜻 외상으로 라면을 담아 주었다. 친구들에게 생일날 국수를 먹으면 오래 산다며 라면을 끓였으니 맛있게 먹으라고 했다. 친구들은 용돈을 털어서 생일 선물을 하나씩 준비해 왔다. 라면 생일상에 비하면 엄청나게 큰 선물들이었다. 한 친구가 준 선물은 예쁜 베개였는데 그걸 4년 내내 사용했다.

  졸업 후 직장에 다닐 땐 오빠 집에서 다녔지만, 생일날만은 항상 집에 갔다. 돈을 벌 때였으니 맛있는 것도 사 들고 가서 엄마가 차려준 음식을 먹었다. 어느 해는
"이제 내가 차려준 마지막 생일상이다."
라고 하면서 엄마는 다른 때보다 더 진수성찬으로 차렸다. 내가 좋아하는 쑥떡도 만들어 푸짐했다. 그즈음에 언니, 오빠 모두 결혼시키고 난 뒤라서 막내인 내가 결혼할 때가 되었다고 생각하신 것 같았다. 고등학교 때 수학 선생님은 "너희들 부모한테 효

도하려면 일찍 결혼해야 한다."라며 말씀하셨다. 서른 안에만 하면 괜찮다고 해서 마음이 맞는 사람 있을 때까지 별걱정 않고 지냈는데, 엄마는 혼기를 놓칠까 봐 걱정하며 생일상을 차렸던 걸까. 그러면 내가 생각이 달라질까 싶은 마음으로 그러지 않았을까. 하지만 그 후 두 해나 더 엄마가 차려준 생일상을 받았으니 그동안 부모님은 얼마나 애간장을 태웠을까.

올해는 여행 갔다가 돌아온 다음 날이 내 생일이었다. 여느 때와 같이 일찍 아침 준비를 하고 있는데 딸이 잠이 덜 깬 채 부엌으로 들어오질 않는가. 웬일로 일찍 일어났냐고 했더니 엄마 생일상 준비하려고 일어났다는 것이다. 대견하기도 하고 가르치기도 할 겸 미역국 끓이는 걸 설명해 줬더니 눈썰미가 있어서 내가 예전에 해왔던 대로 맛있게 끓였다. 대학생이 되더니 철이 든 모양이다.

딸은 출근하는 나를 보고 뭔가 함께하고 싶은 일이 있는 눈치였다. 퇴근하고 밤늦은 시간이었는데 내게 보여줄 게 있다며 자기 방으로 끌고 갔다. 예쁜 편지지에 쓴 손 편지였다. 2년 전에 쓴 편지와는 달리 많이 성숙한 모습의 글이었다. 순간 눈물이 핑 돌았다. 엄마 생일을 축하한다는 말과 함께 "잘 키워줘서 고맙고 사랑해요. 두 남매를 대학도 잘 보내 놨으니 우리 가족만 생각하지 말고 엄마 자신을 위해 살기 바라요. 여태 '엄마'라는 이름으로 살아왔다면 이제는 '박귀숙'으로 살길 바라요."라고 적었다. 어떤 값비싼 선물보다도 진심어린 편지가 더욱 내 마음을 감동하게 했다.

　수험생 엄마로 지내는 건 힘든 일이었다. 특별한 엄마들처럼 하지는 못했지만 애들 학업에 지장을 줄까 봐 여행도 자제했었다. 오직 흔들리지 않게 공부해서 원하는 학교에 들어가길 기도하는 마음으로 지냈다. 책을 하나 골라도 아이들 성장에 도움이 되는 걸 구입해서 내가 먼저 읽고 아이가 볼 수 있도록 가까이 두기도 했다. 잔소리보다는 지켜보면서 기다림으로 보낸 시간이 더 많은 것 같다. 이제 새롭게 시작한 대학 생활에서 젊음을 맘껏 누리고 살았으면 하는 바람이다. 나도 딸아이의 말대로 내 이름으로 살아보려 한다.

　생일을 맞이하여 고향에 계신 부모님께 쑥인절미를 보내 드렸다. 부모님도 봄날에 쑥 내음이 향긋한 쑥떡을 좋아하신다. 몇 년을 더 보내 드릴 수 있을까. 감기로 고생하신 아버지의 목소리가 아직도 잠긴 듯 풀리지 않고 있다. 오월엔 봄나들이라도 보내 드리고 싶다. 세상 구경 못 할 뻔했던 딸을 낳아서, 반세기를 잘 살게 키워주셨으니.

　내 생일에는 받는 즐거움도 있지만, 부모님이 살아계심에 고맙고, 주위에도 밥 한 그릇, 떡 하나라도 나눌 수 있어 즐겁다.

(2013. 4.)

# 몰래 한 사랑

**딸이 사춘기로** 힘들어할 때 강아지를 키우고 싶다고 했다. 친구를 만들어 주고 싶은 마음에 강아지를 키우는 것도 괜찮을 것 같았지만 내가 돌볼 자신이 없었다. 고민 끝에 강아지보다는 토끼가 키우기 쉬울 것 같아 어린 토끼 한 쌍을 입양했다. 딸도 좋아했다. 딸은 아무리 늦은 밤에 귀가해도 항상 토끼를 찾아가 무슨 이야기를 하는지 한참을 쪼그려 앉아 있곤 했다.

두세 달이 지나자, 토끼들이 수상한 행동을 보였다. 혹시나 새끼가 생기면 감당할 수가 없을 것 같아 토끼장을 하나 더 사들여서 암수 따로 키웠다. 그 후 청소할 때마다 두 곳을 다 물로 씻어야 했고, 여간 번거로운 게 아니었다. 그렇다고 누구를 줄 수도 없어서 그냥 내 가족이려니 하고 키웠다. 조금씩 커 가는 모습을 보며 즐거워하는 딸을 위해서라도 정성을 다했다.

 하루는 토끼가 먹이를 줘도 평소처럼 먹지 않고 어디론가 도망치고 싶은 것처럼 바깥을 보며 발길질까지 했다. 나는 토끼 입에 털이 잔뜩 붙어있는 것을 보고 털갈이하는 게 아닌가 했고, 딸은 아픈 것 같다고 했다. 더구나 먹이를 못 믹고 있으니, 걱정이 되긴 했다. 외출했다가 부지런히 돌아와 보니 새끼 네 마리가 어미 털로 뒤덮인 채 꼬물거리고 있었다. 아침에 어미가 털을 입에 물고 있더니 새끼집을 만들려고 했던가 보다. 예상치 못했던 일이라 생각할 겨를도 없이 새끼들을 상자에 옮겼다. 토끼장을 신문지로 감싸서 어둡게 하고 그 위에 담요를 얹어 보온했다. 푹신하고 깨끗한 천을 바닥에 깔고는 면장갑을 끼고 새끼들을 다시 토끼장으로 옮겨 주었다.

 참으로 알 수 없는 건, 암수 따로 떼어 두었는데 언제 새끼를 가졌을까. 토끼장을 청소할 때마다 거실에 풀어 놓은 그놈들이 서로 쫓아다니긴 했지만…. 아무도 모르는 사이에 사랑을 나누었나 보다.

 컴퓨터를 켜고 자료를 찾아보았다. 토끼는 교미 시간이 아주 짧고 임신 기간도 한 달 정도라고 했다. 종족을 번식시키려는 본능은 막을 수 없었나 보다. 몰래 한 사랑이 결실을 보게 되었던 것이다.

어느 날 청소하려고 거실에 내놓았을 때 암놈이 자꾸 어두운 곳으로 숨던 생각이 났다. 그때 이미 몸에 이상 징후가 있어 사람들을 경계했던 것 같다. 그런 줄도 모르고 숨어 있을 때마다 막대기로 쿡쿡 건드려 토끼를 괴롭혀댔으니…. 기왕에 새끼를 낳았으니 잘 키우고 싶었다. 사람들은 좋은 일이라 하며 한 달 정도는 청소도 하지 말고 더러워도 되도록 참으라고 했다. 그런데 철망 아래로 먹이를 떨어뜨리는 걸 막으려 바닥에 깔아둔 받침에 오줌까지 눠서 질퍽한 게 아닌가. 그냥 두면 오줌이 새끼들 몸에 젖을까 봐 그대로 둘 수 없었다. 새끼들을 밀쳐두고 젖은 천을 새것으로 바꾸면서 수시로 문을 열어보고 젖을 먹이는지 관찰했다.

어미는 늘 일정한 곳에만 똥오줌을 배설했는데 새끼를 낳은 후 천 위에 오줌을 누고 그 천으로 새끼들을 덮어 놓기도 했다. 핏덩이 같은 새끼들을 그걸로 감싸 놔서 추울까 봐 다시 걷어내고 새것으로 교체하기를 여러 번. 새끼들을 집어 깨끗한 곳으로 옮겨놓기도 했다.

집을 비운 사이 또다시 새끼들이 오줌이 흠뻑 젖은 천으로 감싸져 있었다. 그런데 새끼 한 마리가 보이지 않아 꼼꼼히 뒤집다 보니 핏기 없이 구석에 박혀 죽어 있었다. 얼른 나머지 새끼들을 어미 가까이에 옮기고, 다시 깨끗한 천으로 바꿔 깔아줬다.

그래도 불안해서 다른 일을 할 수가 없었다. 아버지한테 전화해서 "아부지, 토끼가 새끼를 낳았는데 젖을 먹이지 않아요." 했더니 가만히 놔두면 알아서 먹일 거라며 걱정하지 말라고 하셨다. 안심이 되긴 했지만 그래도 염려스러웠다. 말 못 하는 동물을 보며 나 또한 잘 알지 못해 답답하기는 마찬가지였다.

 그러다 새끼들이 찍찍 소리를 내고 있어 날려가 살펴봤더니 어미의 발밑에 밟혀 꿈틀거리고 있는 게 아닌가. 그런데도 어미는 태연하게 먹이를 먹고 있었다. 이상해서 한두 시간 간격으로 살펴봤더니 한 마리씩 힘이 없어 보였다. 어쩌나, 아직 빛도 보지 못했는데. 어떡해서든 살려야 했다. 마지막으로 남은 한 마리를 어미한테 바싹 붙여 놓았다. 한 마리라도 살려야지 하면서 불안해서 견딜 수가 없었다. 저녁에 들어온 딸한테도 자주 보면 안 된다고 말해 주었다. 그러면서도 먹이를 주려고 들춰 봤더니 마지막 한 마리마저 죽어 있었다. 그때야 모아 둔 자료를 자세히 살펴보았다. 토끼는 새끼도 자신의 체취가 느껴져야 돌본다는 것이었다. 그러고 보니 수시로 바닥의 흰 천을 입으로 씹는다든지 오줌을 묻히는 일들이 토끼만의 양육법이었다. 모두 내 탓이구나. 좀 지저분해도 그냥 먹이만 주고 한 달은 내버려뒀어야 했는데 수시로 들여다보기도 하고 장갑 끼고 새끼들을 옮겼으니. 토끼의 속사정을 몰라서 너무 미안했다. 나도 매일 신경 쓴답시고 먹이 주고 청소하며 사랑으로 키웠는데 말이다.

생명은 소중하다 싶어 얼마나 마음이 짠하든지! 밤새 잠도 못 자고 뒤척였다. 꼼지락대던 새끼 모습이 자꾸만 눈에 밟혔다. 다음 날 새끼들을 하나하나 흰 천으로 감싸서 종이로 포장하고 끈으로 묶어 양지바른 곳에 묻어 주었다.

내 딴에는 사랑했는데…. 얘들아, 미안해. 나는 너희들을 멋지게 키우고 싶었어. 우리 좋은 세상에서 다시 만나자…. 혼잣말로 중얼거리며 터덜터덜 집으로 돌아왔다.

어미는 바닥에 깔았던 흰 천을 입안에 가득 물고는 쉴 새 없이 두리번거리고 있었다.

(2011. 9.)

# 선물·I

"코이야, 밥 먹자. 밥."

매일 아침 이 소리로 하루를 시작합니다. 누군가가 나에게 달려와 다리 사이에 머리를 '쿵' 합니다. 누구냐고요? 녀석은 우리 집 반려 고양이 '코이'입니다.

어느 날 딸아이가 뜬금없는 이야기를 했습니다.

"엄마, 나 고양이 키우고 싶어!"

"안 돼. 나중에 너 혼자 살게 되면 그때 네가 키워."

그런데 일주일 후, 새끼 고양이를 덜컥 데려왔습니다.

"가족이랑 상의도 없이 데려오면 어떡하니? 다시 보내."

딸은 말을 듣지 않았고, 방에서 혼자 고양이를 키우기 시작했습니다. 야행성인 녀석은 새벽에 자주 깨어나서 뛰어놀며 딸의 잠을 방해했습니다. 어쩔 수 없이 딸은 거실로 나와 소파에서 쪽잠을 자기도 했습니다.

그렇게 방에서 보름쯤 지내고 녀석은 거실로 영역을 넓혀왔습니다. 날마다 녀석의 용품이 배달되고 딸아이의 방은 좁아지면서 엉망이 되어버렸습니다. 이런저런 상황들로 딸과는 거의 한 달여, 신경전이 벌어졌습니다. 아직 학교 졸업도 하지 않은 딸아이의 앞날이 더 걱정되었습니다. 더구나 딸아이는 아르바이트를 해서 녀석의 양육비용을 충당하겠다고 하니 한숨이 절로 나오고 울화가 치밀어 밤에는 잠도 오지 않았습니다. 그래도 딸이 좋아하니 마음을 비우고 녀석을 식구로 받아들이자며 생각을 바꾸었습니다.

얼마 안 되어 딸은 고양이 먹이에 대한 기본적인 것만 알려주고 이틀간 여행을 떠났습니다. 나는 카톡으로 녀석의 소식을 전하며 보살폈습니다. 그런데 무엇이 문제였는지 녀석은 갑자기 활기가 없어지고 뛰어놀지도 않았습니다. 그러다가 토하면서 먹지도 않아 결국엔 입원하게 되었습니다. 전담 집사가 자리를 비웠으니, 스트레스를 더 받았나 봅니다. 여행에서 돌아온 딸은

"엄마, 어떡해? 코이는 언제 스스로 밥을 먹을까?"

"괜찮아. 금방 먹을 거야. 다 그러면서 크는 거야."

코이가 스스로 먹어야 퇴원하고 집에 데려올 수 있다고 했습

니다. 딸은 걱정이 되어 매일 병문안을 가서 녀석을 보고 왔습니다. 다행히 가벼운 장염 증상이었고 사흘 만에 퇴원할 수 있었답니다.

  이제는 식탐도 늘어 밥그릇을 금세 싹 비웁니다. 두 달 만에 몸무게가 두 배로 늘었어요. 사냥놀이와 공놀이도 잘합니다. 그러다가 잠이 올 때는 담요를 물고 꾹꾹이\*를 합니다. 아기 때 엄마 젖을 먹던 것처럼요. 엄마 품을 잊지 못하나 싶어 짠하기도 합니다. 동물도 사람처럼 따뜻한 정이 그리운가 봅니다.

  조용하던 가족 단톡방 알람이 울립니다.

  "오늘 코이 점심 좀 챙겨줘."

  "오케이."

  "사료는 두 숟가락만 줘."

  한동안 서먹했던 남매 사이도 녀석으로 인해 가까워졌습니다. 커가면서 각자의 생활이 다르니 서로 소통할 틈이 별로 없었거든요. 동생이 없는 딸아이는 늦둥이 동생처럼 녀석을 귀여워하며 잘 돌봅니다. 이제는 똥오줌 싸고 있는 모습도 귀엽다고 동영상을 찍어 가족 단톡방에 올립니다. 한바탕 웃으며 단톡방은 어느새 들썩들썩하게 됩니다. 그러고 보니 녀석이 우리 가족에게

---

\* 꾹꾹이: 고양이가 앞발을 오므리고 펴며 꾹꾹 누르는 행위.

활기를 불어넣어 준 선물 같은 존재가 되었습니다.

  딸아이가 집사 역할을 해 왔는데 요즈음엔 남편도 녀석을 병원에 데리고 오가는 일을 돕습니다. 집사가 낮에 일하느라 시간을 낼 수 없으니 어쩔 수 없죠. 이 작은 생명체가 이렇게 우리 가족이 되어가네요. 딸은 내게 고양이 관련 공부도 하라고 책을 소파 위에 슬쩍 놓아뒀네요. 녀석의 울음소리에 따라 기분을 맞춰 주고 꼬리 흔드는 의미도 잘 알아차려야 한답니다.

  녀석은 참으로 영리합니다. 잠들어 있다가도 자동 급식기에서 밥 먹자는 소리가 나면 뛰쳐나옵니다. 냉장고 문을 여는 소리, 수저 소리만 들려도 간식을 달라고 부비부비하네요. 현관문 비밀번호 누르는 소리만 듣고도 누가 오는지를 알아채고 잽싸게 뛰어나갑니다.

  "코이는 어딨어?"

  가족들은 방에서 나오면 코이부터 찾습니다. 녀석이 자고 있어도 한번 쓰다듬고 갑니다. 온 집안을 뛰어다니며 어지럽히는 장난꾸러기지만 얼마나 예쁜지 모릅니다.

  이제는 코이가 우리 집의 왕입니다. 요즘엔 오줌을 싸고도 모래로 덮지 않네요. 고양이가 그 구역의 일인자라고 생각하면 그렇게 행동한다고 합니다. 겁나는 게 없나 봅니다. 밥 먹을 시간에는 먼저 녀석부터 챙기고 식탁 위에 올라오려는 것을 막으며 빠르게 먹어야 합니다. 식탁도 깨끗하게 치워야 합니다. 고양이가 집안을 헤집고 다닌 후엔 청소해야 합니다. 어느새 우리 집이 반들반들해졌네요.

처음엔 동물을 키운다는 게 부담되고 걱정스러웠는데, 녀석과 같이 지내다 보니 행동 하나하나 너무 예쁘고 귀여워서 어느새 자식처럼 아끼게 되었습니다. 집안에 활기가 가득해서 선물처럼 감사한 마음입니다.

"코이야, 건강하게 잘 자라줘."
"넌 우리 집 선물인걸."

(2021. 2.)

# 손맛 사랑

김장철이 되었다.

예전엔 김장을 며칠씩 걸려 했지만 요즘엔 절임 배추를 주문해서 미리 준비한 양념에 버무려 담기만 하면 된다. 그래도 손맛이 중요하다.

김장할 날을 앞두고 오래전 김장하던 날들이 생각났다. 지난날 시어머니는 다섯 집 김장 준비를 다 했다. 어머니가 모든 준비를 해 놓으면 동서와 나는 당일에 가서 절여 놓은 배추를 건져 내어 씻고, 준비한 양념으로 버무려 김치통에 넣기만 하면 되었다. 배추를 절이는데 소금을 얼마나 넣어야 하는지 양념 재료는 무엇을 어느 정도 준비해야 하는지를 잘 몰랐다. 그냥 어머니가 하는 걸 보면서 옆에서 시키는 대로 할 뿐이었다. 지금 생각해 보니 정말 억척스러운 어머니였다. 그 손맛을 닮으려고 십 년 넘도록 노력 중이다.

"에미야, 무슨 음식이든 정성이 들어가야 한다."

"모를 땐 좋은 양념을 듬뿍 넣고, 간을 잘 맞춰야 맛이 있단다."

하시던 어머니 생각이 나서 싱싱하고 좋은 재료들을 구매했다. 혼자서 처음 김장하게 되었을 때 재료는 어떤 것을 어느 정도 준비해야 할지 몰라서 주위에 물어보고 또 요리책도 뒤져 보면서 하나씩 메모했다. 배추는 절임 배추를 주문해 두고, 양념은 메모한 걸 참조해서 준비했다.

김장하는 날은 오전부터 찹쌀풀을 쑤고 황태와 다시마 그리고 양파, 무와 대파를 넣고 푹 끓여 육수를 만들었다. 고춧가루를 찹쌀풀에 풀어 두고, 마늘과 생강은 다지고, 양파와 배는 핸드믹서로 갈아 넣었다. 나중에 멸치액젓, 새우젓, 생새우도 갈아 넣고 중간중간 휘저으며 간을 보았다. 무는 채로 썰고, 청각, 쪽파와 미나리도 씻어 크기에 맞게 잘라 준비했다.

올해는 집수리하느라 정신도 없고, 손목과 어깨가 불편해서 김장을 생략할까 생각도 했다. 하지만 정성이 들어간 맛있는 김장 김치를 식구들의 밥상에 올려주고 싶다는 생각이 컸다. 마침, 남편과 딸아이가 있어서 함께 양념을 넣고 버무렸다. 나는 첫 시범만 보이고, 돼지고기보쌈을 준비해서 밥상을 차렸다. 맛있게 먹는 가족들을 보니 나도 기뻤다.

어느 겨울, 어머니가 몹시 아팠을 때 김장했던 날이 생각난다. 그해 어머니는 밭에서 배추를 백 포기도 훨씬 넘게 뽑아 놓았다. 배추가 얼기 전에 김장을 해야 했기에 동서랑 하루 전날 어머니 집에 갔다. 동서는 배추를 자르고 나는 배추에 소금을 뿌려가며 절였다. 어머니는 양념도 우리에게 하라고 했지만, 너무 많은 양이라 우리가 감당하기엔 엄두가 나질 않았다. 그래서 어머님께 양념만은 만들어주면 좋겠다고 부탁했다.

이럭저럭 김장을 마치고 동서와 서로 수고했다고 하면서 각자 먹을 양만큼 김치를 김치통에 담아 집으로 돌아왔다. 그런데 다음 날 아침, 어머니는 놀란 목소리로 전화를 했다.

"야야, 소금 자루 어데 났노?"

"그거 한 됫박 정도 남기고 다 썼는데요."

"아이고, 김장김치 소태 되어 못 먹을 거다. 그 소금, 된장 담글 때도 쓸라고 한 말을 사 뒀는데…."

이 일을 어쩌랴! 늘 옆에서 돕기만 했지 배추에 소금을 얼마나 넣고 절이는지 몰라 손에 잡히는 대로 넣었더니 큰 실수를 한 것이다. 김치가 아니라 소금 덩어리가 되었으니, 이제 김치는 장아찌처럼 조금씩 먹어야 될 것 같다. 하지만 어머니는 시누이와 함께 전날 배추 절인 소금물로만 다시 절여 김장을 했다. 나중에 배추 절이는 방법을 여쭈어봤다. 어머니는 우선 소금물에 배추를 적셨다가, 배추 사이사이에 다시 소금을 넣고 서너 시간 후에 한 번씩 뒤집으면 된다고 했다. 그 후로 우리는 서울로 이사 오면서 어머니와 함께 김장할 기회는 다시 없었다.

지금은 어머니 어깨너머로 본 기억을 더듬어 가며 양을 대략 맞춰 준비한다. 옛날엔 김장이 일 년 농사처럼 중요했지만, 지금은 그렇지 않은 것 같다. 대부분 김치냉장고를 갖고 있고, 언제든지 또 김치를 담그면 되기에 예전처럼 대량으로 김치를 담글 필요가 없어진 것이다.

김장을 하고 김치냉장고의 '땅속 익힘 기능'으로 사흘간 놔뒀다. 맛이 어떨까 궁금해하며 며칠을 보냈다. 싱거운 듯해서 멸치 액젓을 김치통마다 조금씩 더 넣었다. 한 열흘이 지나고 살그머니 김치통을 열어보았다. 맛있는 김치 냄새가 났다. 식탁에 김치 한쪽을 올렸다. '바로 이 맛이야.'라는 말이 저절로 나왔다. 맛있다는 말 한마디로 보람을 느꼈다. 어머니도 우리가 맛있다고 하는 그 말에 힘든 줄 모르고 늘 그 많은 김치를 담가서 나누어 주셨나 보다. 어머니의 방식만 기억하면 김치 맛 걱정은 안 해도 되겠다. 어머니가 떠나신 후 김장을 직접 하면서부터 제대로 된 주부가 되어가는 기분이다.

해마다 김장철이 되면 어머니 손맛이 더욱 그리워진다.

(2020. 2.)

# 김밥

 **가끔 남편은** 김밥을 찾는다. 주말에 김밥 재료를 주문했다.
 김밥 종류도 다양하지만 나는 대체로 야채김밥이 편하고 맛있다. 사실은 밥 없이 야채만으로 만들어 볼까 하다가 다른 재료도 준비했다.
 아이들 학교 소풍 갈 때만 되면 김밥 준비하느라 새벽잠을 설쳤다. 밥을 해서 소금과 식초를 넣어 식혀두고 모든 재료를 볶고 시금치는 데쳐서 무치고 오이는 소금에 절여 물기를 뺐다.
 이웃 문우님한테 레시피를 부탁했다.
 "김치 꼭 짜서 길게 찢어 참기름, 설탕 쪼끔 넣어 조물조물 무치기. 달걀, 햄 요렇게 세 가지만 넣고 싸도 맛나요."
 주문한 재료에 김치도 넣고 만들기로 했다. 점심때가 되어 남편이 왔길래 내 보조가 되어 김밥 썰기도 부탁했다. 김발을 찾다가 없어 일회용 장갑 끼고 꾹꾹 눌러가며 쌌는데도 김밥이 터지고 있었다. 김 탓인지 솜씨 탓인지 아니면 칼질 탓이었나.

내가 외출할 시간이었으니 서너 개 싸서 점심으로 먹고 나머지 재료는 통에 담아 냉장고에 뒀다. 거의 저녁을 믹고 퇴근하는 아들에게 오늘은 김밥을 싸준다고 했더니 제시간에 왔다. 우동도 끓이고 김밥과 상을 차렸다.

"어, 햄과 맛살은 없구마! 앙꼬 없는 찐빵이잖아."
"엄마, 아빠는 야채김밥을 좋아해. 어묵과 김치, 계란지단도 넣었는데!"
"아, 그래도 아니지. 맛살이라도 넣어야지. 김밥에 넣으라고 맛살이 있는데."
"근데, 맛은 괜찮아."

그러면서도 아들은 김밥 한 줄 반과 우동 한 그릇을 비웠다. 햄이 없어 스팸이 있는 걸 넣을까 했는데 깜빡했다. 아들은 음식의 맛과 재료는 귀신처럼 알아맞힌다.

어쩌랴. 음식 취향이 다양하니 그것에 맞춰 김밥 메뉴도 갈수록 늘어난다. 김밥천국에 가면 갖가지 메뉴가 있지만 김밥을 브랜드화해서 독특한 김밥집도 생기고 있다. 음식문화의 발전이다. 요즈음 김밥 가격도 생각 이상으로 비싸다. 그러니 집에서 김밥을 만들어 먹으면 맛있고 실컷 먹을 수가 있다. 밥 없이도 야채만으로도 다이어트용으로 유행하는 김말이가 있다는데 한 번 만들어 볼 참이다.

  그리고 한 달 후 또 김밥을 만들었다. 햄과 맛살은 잊지 않고 먼저 사 두었다. 그것과 시금치, 단무지, 당근만으로 만들어 봤다. 집에서 간단히 먹으려고 했는데, 아들이 또 족집게처럼 우엉과 계란지단을 빼 먹은 걸 알아차린다. 다음에는 아들한테 직접 김밥을 만들어 보라 했다. "나도 네가 만든 걸 먹고 싶다고."

  다음 번 김밥을 만들면 아들에게 최고라고 칭찬도 받으면 좋겠다. 사랑과 정성이 담긴 김밥을 볼이 터지도록 오물거리는 아들의 모습을 떠올려 본다.

(2024. 9.)

# 팥죽과 동치미

**어릴 때 우리 집은** 항상 사람들로 붐볐다. 종갓집이다 보니 제사도 많았다. 엄마는 혼자서도 음식 준비를 잘하셨다. 생일이나 제사를 지낸 다음 날은 동네 사람들을 대접하기도 했다. 나는 옆에서 심부름하는 막내였지만, 어깨너머로 조금씩 익혀둬서 음식 만드는 건 그렇게 어렵지 않다.

어머님은 해마다 잊지 않고 팥죽을 끓이셨다. 한 해의 액운을 몰아내기 위해 두 손을 모으고 빌었다. 팥죽과 함께 김장철에 땅에 묻었던 동치미를 꺼내 식구들을 모이게 했다.

서울로 이사 오면서 어머님은 동짓날에는 잊지 말고 팥죽을 끓여 먹으라고 하셨다. 그 후 이십 년이 넘었으니 주위 동료나 문우들에게도 맛을 보였다.

올해 텃밭에서 농사지은 무로 동치미를 담가봤다. 그렇게 어렵지 않은데 이제까지 담가 볼 용기를 내지 않았다. 그 옛날에 어머님의 손맛을 불러들였다. 국물 맛도 시원하고 무도 아삭아삭 씹히는 걸 맛보이고 싶었다.

팥죽과 동치미를 친한 동료들에게 대접하고 싶어 초대했다. 남편은 며칠 전부터 콧노래를 흥얼거리며 구석구석 청소하느라 바빴다. 그래도 즐거우니 더없이 좋았다. 함께 음식을 나눠 먹는다는 건 기쁨이고 행복한 일이다. 어머님과 엄마도 그런 마음이었으리라. 요즘엔 바쁘게 살다 보니 일부러 초대하지 않고는 집에까지 오는 일이 별로 없다.

더군다나 먹거리도 넘친다. 아무때나 모이면 맛집을 찾아 음식을 먹는다. 하지만 손수 만든 음식은 사랑과 정성이 가득하니 더 맛있고 정을 나누기에 좋지 않은가. 손맛 음식으로 손님을 대접하는 건 따뜻한 정을 나누는 마음이다.

식탁에 음식이 차려지고 나면 모두 탄성을 지른다. 별로 차린 게 없지만, 찰밥과 미역국, 나물, 샐러드, 김장김치, 팥죽, 동치미다. 별것 아닌데 항공 샷을 찍는다. 추억으로 남기고 싶단다. 모두 팥죽 한술 뜨고 동치미 국물을 입안에 한술씩 넣고는

"전신에 따뜻한 기운이 퍼지는 느낌이야."

"우와, 속까지 다 시원해!"

모두가 탄성을 자아내니 내심 어깨가 으쓱해졌다.

팥죽을 먹고 액운이 달아나고 그들의 마음속까지 따뜻함이 전해지길 바란다. 손맛을 전한 어머님과 엄마는 지금 안 계시니 나는 음식을 믹으며 그리움을 딜래본다. 음식은 사링을 진하고 위안을 안겨주지 않는가.

(2023. 12.)

# 3부
# 아름다운 관계

# 햇살 한 줄기

**냉장고 서랍을** 여니 오래된 당근에 새싹이 돋아나고 있었다. 미안했다. 싹튼 부분을 잘라 수반에 담은 뒤 햇살 좋은 창가에 뒀다. 친구 지희가 생각났다.

10여 년 전 지희는 뇌경색 발병으로 한국에 와서 수술을 잘 받고는 몇 개월 치료하고 미국으로 돌아갔다. 병원 진료차 다시 한국에 나왔을 때, 친구들과 만나 밤새 얘기꽃을 피웠다. 그렇게 우린 세월을 거슬러 추억을 나누며 1박 2일을 보내고 헤어졌다. 그런 후 미국으로 다시 돌아갔는데 점점 건강이 안 좋아졌다고 했다.

지희는 막역지우다. 대학교 입학 때부터였으니 강산이 네 번이나 바뀌었다. 도수 높은 안경을 코에 비스듬히 걸친 채 항상 책을 한아름 안고 강의실에 보였다가 바삐 사라졌다. 교수 연구실에서 조교를 하며 동네 야학교 선생도 했다. 배려심이 많은 그녀는 조카들도 잘 챙겼다.

결혼할 날을 잡고 대구를 방문했다. 지희도 그새 결혼식 날을 잡았는데 4일 앞선 날이었다. 바쁘다 보니 차 한 잔 마시기도 힘들었고, 서로의 결혼식에 참석은 못 했다.

세월이 흘러 그녀는 남편의 직업을 따라 미국 워싱턴으로 이사 갔다. 그 후 간간이 소식을 주고받았다. 딸애가 미국 여행 때는 지희 집에서 묵도록 숙박을 제공해 주기도 했다. 낯선 외국 생활을 하다 보면, 한국 사람 목소리만 들어도 반갑다며 누구든 아무 때나 방문을 환영했다. 게다가 아픈 할머니들을 열 명 가까이 모시고 요양원처럼 돌봤다. 그렇게 베풀며 살아왔다.

그런 그녀가 요양을 위해 한국에 있는 언니 집으로 왔다. 언니의 꾸준한 보살핌으로 친구는, 걷기 연습을 하며 조금씩 좋아지기도 했다. 또한 그녀 형부가 공기 좋은 곳에 전원주택을 마련해 혼자서도 운동을 마음대로 할 수 있도록 배려해 주었다. 고마운 언니와 형부였다.

운동을 하던 중 지희가 넘어져 어깨 쇄골에 금이 가서 병원 치료를 받게 되었다. 침대 생활을 하니 몸이 더 안 좋아졌다. 혼자 움직이는 것은 갈수록 불편해졌다. 간호하는 언니도 지쳐갔다. 친구가 퇴원하고 열흘이 지났을까, 엎친 데 덮친다고 뇌출혈로 쓰러졌다. 언니는 앞이 캄캄해 허겁지겁 119를 불러 종합병원 응급실을 찾았는데 이미 왼쪽이 마비되었다고 했다. 마음은 한걸음에 쫓아가 보고 싶었지만 내 사정도 여의치 않았다. 수시로 전화를 했다.
"지희야, 목소리 들리나?"
"그래."
"지희야, 곧 보러 갈게."
친구는 울먹이고 있었다.
나는 일을 하다가도 잠을 자다가도 지희 생각을 하게 되었다. 그토록 몸이 회복할 기미가 보이지 않는다는 게 믿어지지 않았다. 지희의 언니는 한방치료라도 의지해 보려 했지만, 어느 정도 회복이 되면 한의사를 보자고 했다. 갈수록 더 위중해 가는 모양이었다. 늘 염려는 되었지만, 현실에 묻혀 친구를 잊고 있는 내가 밉기도 했다. 그러던 중 언니의 다급한 전화가 왔다.
"지희가 많이 안 좋다. 언제 시간 되니?"
바로 지희를 만나러 가야 했는데…. 그새 두 번이나 병원을 옮겼다. 더이상 늦출 수가 없었다. 요양병원으로 달려갔다. 면회에 앞서 어쩌면 마지막이 될지도 몰라 가슴이 쿵쾅거렸다. 산소통을 끼고 있는 모습이 초라해 보였다. 살이 쏙 빠진 지희는 어린

애처럼 눈만 껌뻑이고 있었다. 먹성 좋던 친구였는데 링거 속 희멀건 영양제로 생명을 이어왔다고 하니 가슴이 아팠다. 가만히 그녀의 손을 잡아 보았다. 그나마 손은 따뜻했고, 사람들도 알아보고 어눌하게나마 내 이름도 웅얼거렸다. 그 순간 그녀의 얼굴에 창문 틈으로 한 줄기 햇살이 비추는 듯했다. 오랜만에 가족과 친구들을 보니 감정이 복받쳐 울렁거리기까지 한다고 했다. 늦게 찾아와 미안하다며 말하고 싶었는데 눈물이 먼저 주르륵 흘러내렸다. 15분간의 면회는 너무 짧았다. 손을 꼭 잡고 다시 오겠다고 했지만, 다시 볼 수 있으려나···.

햇살 받은 당근의 새싹이 싱그럽다. 당근을 바라보며 병실에서 해쓱해진 지희 얼굴에 비추던 한 줌 햇살이 자꾸만 떠오른다.

(2024. 10.)

\*지희는 가명이고, 2025년 8월 19일에 하늘나라로 떠났습니다.

# 친절한 금자 씨 · I

지난 5월 '친절한 금자 씨'에게서 전화가 왔다.
"아지매, 별일 없제?"
"응. 그래."
"근데…, 내 소식 들었어?"
"아니, 뭔 일?"
"건강검진 받았는데 암이래. 유방암….'"
 믿기지 않았다. 4월에만 해도 그녀는 집 근처 농막에서 고기도 구워 먹고 밭에서 쑥도 캐자고 했는데 못 가고 말았다. 그런데 유방암이라니…. 놀라는 나에게 그녀는 애써 괜찮다고 말했지만, 전화를 받고는 충격이 컸다.
 처음 봤을 때부터 그녀에게 호감이 갔다. 2005년 겨울, 노량

진에서 주택관리사 자격 대비반을 수강할 때였다. 그녀는 어려운 시험공부 중에도 주변 사람들 공부하는 걸 곧잘 도와주곤 했다. 밥심으로 공부한다며 점심 도시락도 한 찬합씩 바리바리 싸와서 나눠 먹기도 했다. 그러구러 자연스럽게 우린 친구가 되었고, 힘든 시산을 살 버티고 시험에 둘 다 합격했다.

당시 유행하던 영화 〈친절한 금자씨〉를 보고 내 핸드폰에 이름 대신 그 영화 제목으로 저장했다. '친절한 금자씨'라고. 그녀는 그해 아파트 관리소장으로 발령받았다. 그리고 그곳에서 십여 년을 한결같이 직원들과 주민에게도 인정받는 따듯하고 카리스마 넘치는 소장으로 일했다.

그녀는 친절하고 베푸는 손도 컸다. 손수 만든 갖가지 장아찌와 된장, 고추장, 간장 등을 보내줬다. 추어탕과 곰국을 보내준 적도 있었다. 시어머님이 건강이 안 좋아 병원 진료차 우리 집에 오셨을 땐 잣죽을 손수 끓여 병문안을 왔다. 고마운 마음에 나도 생일이나 기념일엔 쑥인절미, 과일 등을 보내곤 했지만, 통이 큰 그녀와는 비교할 수도 없었다.

처음엔 두 사람만 만났는데 어느 날 그녀가 집들이에 우리 부부를 초대했다. 두 집 남편은 나이도 같고 성향도 비슷했다. 그녀가 정성껏 차린 음식을 먹으면서 오랜 친구처럼 많은 얘기를 했고, 그날을 계기로 우리 부부와 그녀의 부부는 점차 친구가 되었다.

그녀는 운정 신도시로 이사하면서 부동산 중개업을 시작했다. 처음엔 거래가 거의 없다가 지난해 부동산 시장이 큰 변화를 가져와 눈코 뜰 새 없이 바빴다. 일찍이 두 딸을 결혼시키고, 가까이 딸들 가족과 주말이면 즐겁고 행복한 생활을 해왔다.

그녀에게는 암 가족력이 있어 항상 건강에 신경 쓰며 음식도 자연식이나 생식 등으로 꾸준히 챙겨 먹어왔다. 그런데도 암이 발병했다니 안타까운 일이었다.

항암치료를 시작하기 전에 잠깐이라도 만나자고 했더니 한사코 거절했다. 하긴 입원 전에 마음도 정리하고 하던 일도 마무리해 넘겨줘야 할 테니 그럴 만도 하겠다 싶어 그냥 치료 잘하고 건강한 얼굴로 보자고 했다.

"꽃 속에 잠시 쉬자"라는 그녀의 카톡 프로필을 보고는 예쁜 꽃만 보면 사진을 찍어 보내줬다. 하지만 그녀는 겨우 한 번의 항암치료에도 머리카락이 빠져 긴 머리를 비구니처럼 밀었다고 했다. 카톡 사진에 담긴 그녀를 보니 가슴이 먹먹해져, 할 말을 잃었다. 가슴에 태풍이 클 때는 할 말을 잃는다고 했던가. 그러다 간신히 마음을 다잡고 "예뻐요. 눈, 눈썹, 모자 달린 가발도." 라고 써 보냈다. 치료 기간 전화를 차단한다고 했지만 다행히 통화가 되었다. 애써 감추려는 그녀의 아픈 속내를 전화기 너머로 고스란히 느낄 수 있었다. 밝은 목소리였지만 그렁그렁 눈물이 느껴졌다. 나는 장하다, 대단하다, 박수를 보내며 매일매일 기도한다고 전했다.

지난봄 내가 이사하게 되었을 때 그녀에게 부동산에 관한 상담과 여러 가지 도움을 받기도 했다. 코로나 때문에 집들이를 미뤘는데 결국엔 함께 못해 못내 아쉽다. 아픈 중에도 그녀는 집들이 선물로 주방용품을 보내주었다. 그걸로 요리할 때마다 그녀의 쾌유를 빌고 있다.

살다 보면 행복한 순간도 있지만 잠 못 이룰 만큼 고통스러운 일도 생긴다는 걸 어찌 모를까. 그렇지만 열심히 살아온 그녀에게 닥친 시련이 심하지 않은가. 모든 걸 내려놓고 긍정의 맘으로 희망을 품으면 긴 아픔의 터널도 빠져나오리라 믿고 싶다. 맘속으로 '친절한 금자 씨'에게 격려의 말을 보낸다.

'금자씨, 그 암이란 놈을 친구처럼 잘 달래 봐요. 이길 거야. 사랑해요.'

(2021. 9.)

# 친절한 금자 씨·II

**지난 일 년간** 암 투병으로 고생한 친절한 금자 씨가 전원주택으로 이사를 했다.

그간 치료하느라 못 보고 지내다 최근에야 몇 번 얼굴을 보게 되었다. 10개월 지난 후 다시 금자 씨를 만났을 때는 환자 모습이 역력했다. 얼굴은 부었고 피부도 거무스레했다. 그래도 목소리는 예전처럼 밝아 좋았다. 첫 만남이 기뻐 동짓날 팥죽을 끓여 통에 담아 전했다. 지인의 결혼식 날에 만났을 때는 약밥을 만들어 손에 들려주었다.

금자 씨와 함께 결혼식에 다녀온 날, 콧물이 나고 목도 약간 칼칼해서 집으로 오는 길에 코로나 신속 항원 검사를 받았다. 음성이 나왔다. 이상해서 집에서 다시 설명서를 읽고는 자가 진단 키트로 조심스레 검사했다. 검사 키트에 두 개의 빨간 줄이 순식간에 나타났다. PCR 검사를 했다. 다음날 양성이라고 문자가 왔다. 설마 했는데 나도 코로나 확진자가 되었다. 금자 씨에게도 검사해 보라 했더니 다행히 음성이라 했다.

그렇게 일주일을 환자로 지내야만 했다. 울적해졌다. 그 소식을 듣고 금자 씨는 먹을 것을 상자에 가득 챙겨 직접 그의 남편과 함께 우리 아파트로 배달을 왔다. 남편이 출입구 벨소리에 택배인 줄 알고 문을 열어 줬는데 나중에 지하 주차장에서 연락이 왔다. 문 앞에 택배 상자 두고 간다고…. 얼굴도 못 보고 전화 통화만 했다. 택배 상자엔 친정에서 보내온 것처럼 장아찌와 물김치 그리고 누런 호박, 가지, 말린 취, 토마토, 딸기, 청계 유정란, 냉이 등이 가득 들어 있었다. 감동이었다. 거꾸로 내가 환자가 되어 친구가 나의 쾌유를 빌었다. 참으로 고마웠다. 덕분에 일주일 후 음성 판정이 나와서 회사에 출근하게 되었다.

봄날이 되었다. 그녀의 농막에 소풍 가듯 찰밥을 하고 나물을 몇 가지 만들어 놀러 갔다. 우리는 시간 가는 줄 모르고 얘기꽃을 피웠다. 친구는 치료가 두 달여 남았다고 하면서 한창 공사 중인 이사할 집을 구경시켜 줬다. 오래된 전원주택이었는데 주인을 잘 만나 멋지게 변신하고 있었다. 그녀가 부동산 중개업을 해서인지 집 보는 눈도 남달랐다.

이사하고 집들이하는 날을 기다렸다. 필요한 거 없냐고 물었더니 수국 한 포기 갖고 오면 된다고 했다. 그래도 집들이인데 기억에 남을 선물을 해 주고 싶었다. 마침 내 생일에 후배가 친환경 찜기 도자기를 선물로 주었던 것이 생각나 그 회사에 대해 알아보니 삼십 년도 더 연구해서 특허받은 도자기라고 했다. 이런 도자기에 음식을 담아 먹으면 더 건강해질 것 같아 비취색 도자기 세트를 주문해서 보냈더니, 친구의 카톡이 왔다. 그릇을 받고, 며칠 후엔 그 그릇에 음식을 가득 차린 밥상 사진을 보내온 것이다. "아줌마, 밥맛이 꿀맛이네." 하며 감사 이모티콘도 날아왔다. 나도 덩달아 고맙고, 감사했다. 받는 즐거움도 있었지만 베푸는 기쁨은 더 큰 것 같았다.

금자 씨네 집들이 가는 날 왕 수박 한 통 고르고, 여행 기념품으로 현지 토종 벌꿀을 예쁜 병에 담아 포장했다. 꿀처럼 달콤하고 행복하게 잘살기를 바라는 마음도 눌러 담았다. 식사 준비하느라 힘들이지 말고 된장 끓여 쌈 싸 먹자고 했는데 그녀는 유명 셰프의 밥상처럼 베트남 쌈을 한상 가득 차려 놓고 기다리고 있었다. 우린 탄복을 연거푸 하며 맛있게 점심을 먹었다.

그녀는 지난달에 그 힘든 항암과 방사선 치료를 끝냈다. 이젠 건강 관리하며 6개월마다 경과를 검사하면 된단다. 생각할수록 지난 시간이 악몽 같고 힘들었을 텐데 잘 참고 견뎌 온 것 같다.

정원 곳곳에 꽃을 심어 예쁘게 꾸며뒀다. 오래된 감나무와 살구나무, 앵두나무, 매실나무, 장미 넝쿨 등이 있고 파란 잔디와 집 안에 텃밭도 있으니 세상 부러울 게 없어 보였다. 이제 새로운 집에서 금자 씨가 더 건강하게 오래도록 꿀처럼 달달하고 행복하게 살 일만 남았다.

(2022. 9.)

# 선물·II

**퇴직 기념으로** 친구와 함께 언니를 만나러 갔다. 언니의 닉네임은 금낭화다. 그 인연은 2002년도부터 이어진 생활수필 쓰기반에서부터다.

언니는 나를 위해 1박 2일의 여행가이드를 자청했다. 작은 체구에 오랜 암 투병을 하고 살았던, 이제는 새로운 삶을 멋지게 살고 있는 닮고 싶은 애교 만점 사람이다. 그녀는 예전이나 지금이나 예쁜 모자와 원피스를 입은 알프스 소녀 하이디 같다. 우리를 반기며 불볕더위도 아랑곳하지 않고 덥석 안았다. 온몸이 따뜻했다. 눈이 빛났고 얼굴에 화색이 돌았다. 힘의 덩어리였다.

오이도 등대 주변을 산책하고 맛있는 점심을 먹고 한적한 곳을 찾아 우리만의 얘기를 하며 차를 마셨다. 가까운 수목원의 눈부신 초록 그늘에 누워 '야호'하며 소리쳐 외쳤다. 제부도 물때를 맞춰 바닷길이 열려 있을 때 드라이브하며 시원함을 만끽했다. 그 물길이 다시 밀려올 때도 우린 탄성을 지으며 즐거워했다.

언니의 전원주택으로 가서 짐을 풀고 밭으로 갔다. 모두 도시 농부 같았다. 밭작물이 없는 게 없는 대농가였다. 그 작은 체구로 어떻게 그런 밭농사를 농사꾼처럼 지을 수 있을까. 그녀의 활기 충전한 힘 때문이 아닐까. 긍정적 생각과 모든 게 감사한 마음이 생기면 날마다 행복해진단다. 노래처럼 '행복한 사람'이다.

밭에서 채소를 한 소쿠리씩 담아왔다. 강낭콩으로 밥을 짓고 부추, 애호박, 감자, 양파, 오징어를 넣어 부추전을 부치고, 가지는 쪄서 무치고 늙은 오이도 새콤달콤하게 무쳤다. 우릴 보고 최고의 요리사란다. 언니가 양념만 찾아 우리 앞에 내놓으면 둘은 뚝딱 한상을 차려냈다. 맥주 한 캔을 나눠 잔을 들고 청바지 건배사를 외친다. '청춘은 바로 지금'이라고. 모기가 웽웽거렸지만, 그날 밤은 그동안의 이야기꽃으로 불이 꺼질 줄 몰랐다. 그 언니처럼 암투병했던 친구와 함께해서 더 좋았다.

우리가 보통 생각하는 선물은 상품, 현금 등 눈에 보이는 걸 생각하기 쉽다. 하지만 또 다른 건 마음과 마음을 따뜻하게 안을 수 있는 기분 좋은 선물이다. 돈으로 가격을 정할 수 없는 것이다. 언니는 그걸 내게 선물해 줬다. 정말 정말 고맙고, 감사한 날이었다.

  그 추억의 선물을 잊지 않고 살아가리라. 한 번씩 번개로 만나 여행을 가고 전시회 관람하는 것도 신난다. 그녀의 목소리만 들어도 기분이 좋다. 친언니 같다.

(2023. 7.)

# 기차 여행

**약밥을 만들고** 무화과도 예쁘게 잘라 통에 담고 상황버섯도 끓여 담는다. 오늘은 선물처럼 내게 주어진 하루다. 친한 언니와 함께 기차 여행을 떠나려고 한다. 나는 콧노래를 부르며 마음이 설레기도 했다.

차창으로 보이는 풍경이 장관이다. 하늘은 푸르다 못해 눈부셨다. 하늘을 디카에 담으니 한 폭의 수채화인 듯 아름답다. 함께 떠나는 언니의 고향 친구가 9월 한 달간 강원도 옥계의 한국여성수련원에서 한글 서예전을 한다고 했다. 서예전도 보고 그 주변을 구경할 참이었다. 그간 바쁜 일을 모두 해냈으니 홀가분한 마음으로 떠났다.

여고 시절에는 울산 부산 간 무궁화 열차를 타고 한 번씩 훌쩍 떠나기도 했었다. 태종대를 한 바퀴 돌기도 하고 해운대 바닷가를 걷기도 했다. 그런 여행이 나에겐 큰 기쁨이었다. 앞이 캄캄하고 풀리지 않은 일들이 있을 때는 그렇게 혼자 훌쩍 여행을 떠났다. 빠르게 지나가는 차창 밖의 풍경을 보노라면 답답함이 술술 풀리는 것 같았다. 여행 끝에는 서점에 들러 책을 한 권씩 사기도 했다. 이번 기차여행도 그간 풀리지 않은 일을 정리하고 떠나는 소풍이라 더 설레고 마음이 홀가분했다. 수학여행을 떠나는 소녀처럼 즐거웠다.

내가 서울에서 입사하고 백 일쯤 되었을 때 친구랑 정동진에 갔었으니, 동해엔 거의 십오 년 만에 다시 온 것이다. 그때는 해 질 녘이라 바다가 그렇게 아름다운 줄 몰랐는데 이날은 달랐다. 바다가 보석처럼 햇빛에 반짝였다.

기차에서 두 시간여 동안 어릴 적 추억을 얘기하고 커피도 마시며 "서로의 마음과 마음을/ 이어서 길어지는/ 또 하나의 기차가 되어/ 먼 길을 가요"라는 이해인의 시 〈기차를 타요〉의 시구(詩句)처럼 시간 가는 줄 모르고 달려왔다. 언니는 옆에서 나의 버팀목이 되어, 나는 늘 고마운 마음을 갖고 있다. 어쩌면 멀리 있는 형제보다 더 가까운지도 모른다. 처음 서울 생활이 생소해서 찾았던 평생교육원 생활수필 쓰기 강좌에서부터 같은 학번으로 만났다.

언니는 자기 삶을 꾸려가는 힘이 대단했다. 항상 주위를 살피고 보듬는 그는 밝은 표정이다. 글쓰기 공부에서 첫 수업 때 자기를 소개하던 말은 잊을 수가 없다. 26년 만에 첫 외출이라 했다. 그간 맏며느리로 시어머니와 시동생들, 그리고 자녀들을 위해 오직 가정에서만 생활했다고 하며, 마침 대학생이 된 딸이 수강 등록을 해줘서 밖으로 나오게 되었다고 했다.

큰언니처럼 기대고 지냈다. 힘든 일이 있으면 의논하며 내가 자녀들을 키우는 데 도움을 줬다. 딸애가 한 번씩 방황할 때가 있어 힘이 든다는 얘기를 하면 "기도해, 엄마가 하는 기도의 힘은 크단다. 그리고 기다려."라고 했다. 그 말이 도움이 되어 기도하면 마음이 편안해지기도 했다.

서예전 장소를 제대로 모른 채 동해역으로 열차표를 예매했었다. 옥계역에는 KTX가 정차하지 않아서 동해역으로 표를 예매했기 때문에 마침 도착하는 일반 기차를 타고 다시 정동진역으로 되돌아갔다.

정동진역에는 모래시계 소나무가 그 자리에 그대로 서 있었다. 오랜만에 만나는 친구처럼 반가웠다. 우리는 인생 최고의 장면을 카메라에 담아 저장하며 아이들처럼 즐거웠다. 전시회 장소인 옥계로 이동하는 중에도 가는 곳마다 바다가 우리를 불렀다. 열차도 신이 나서 왱왱 소리를 지르고, 파도가 철썩대며 우리를 환영했다.

언니는 서울에서의 내 생활에 버팀목이 되었다. 그림자처럼 함께 다닌 시간이 이십 년이 넘었다. 오랜 세월 동안 변함이 없다. 이젠 어디를 가든 의논하고 친구처럼 지낸다. 뒤늦게 아들딸이 결혼하고 손주들은 언니를 닮아 책을 좋아하고 글쓰기도 잘하고 있다. 주말이면 아들 내외는 손주를 데리고 부모를 찾는다. 부모는 자식의 거울이듯 자식은 부모에게 정성을 다한다. 성실하게 자기 삶을 꾸려온 것이 본보기가 된 것 같아 보기가 좋다. 근래에는 미국에 있는 딸 집에서 두 달간 보내고 왔다. 초등생 외손녀의 안내를 받으며 그곳에서 여유롭게 지냈다고 한다. 이제는 자녀들과 함께하며 즐겁게 살고 있는 모습에서 배울 게 많다. 겸손하고 넓은 마음으로 모두를 끌어안는 마음은 더욱 그렇다.

옥계의 여성회관은 솔밭 한쪽에 자리 잡고 있었다. '필연회 아슬라 한글 서예전'이라는 안내판을 보며 '아슬라'라는 말이 생소했는데 안내자의 말을 듣고 강릉의 옛 지명임을 알게 되었다. 아슬라는 '큰 바다' 또는 '아름다운 자연의 기운' 등을 뜻하는데 이곳의 아름다운 경관에서 유래했다고 한다. 작은 액자에서 열두 폭 병풍까지 아름다운 우리글로 쓴 필연회 회원들의 작품들이 전시 중이었다. 선배의 친구는 한문을 배우다 한글을 쓰기 시작한 지도 오래되었다고 한다. 지금은 초대작가로 크고 작은 서예전 심사위원으로 활동 중이다. 나도 젊어서 시작한 서예를 계속했더라면, 지금은 어떻게 되었을까. 그만둔 것을 잠깐 후회하기도 했다.

  내게는 엄마와도 같은 언니와의 기차 여행은 늘 푸르게 기억될 것이다. 기차를 타고 동해의 넓고 푸름을 보니 세상 시름 다 잊은 듯 젊은 시절로 달려가고 있었다.

(2024. 8.)

## 寶보배

**포장도 특이한** 택배 상자가 도착했다. 농협 근무 시절의 후배가 보내온 설 선물 상자였다. 상자에 표시된 '태양과 바다가 만든 울산의 寶보배', '寶보배'는 울산 배의 자체 브랜드란다.

대학교 졸업 후 1986년 6월, 나는 농협에 입사했다. 그곳은 출퇴근하기에 한 시간 이상이나 걸리는 곳에 있었다. 사실 내 시간을 갖고 싶어 변두리 한산한 곳을 지원했다. 얼마간 근무하다 교원임용시험을 보고 그만둘 생각이었다.

하지만 내가 불어불문학과 출신이다 보니 전공을 살릴 수 있는 일자리가 거의 없었다. 그래서 첫 직장인 농협에서 그대로 근무할 수밖에 없었다. 농협에서 하는 주된 업무는 경제(판매)와 금융 부문이다. 경제 부문은 농민이 안정적인 영농 활동을 하도록 생산·유통·가공·소비에 이르는 경제사업을 지원한다. 이에 비해 금융 부문은 신용업무였다.

 농협에서 근무한 지 삼 년이 지날 즈음, 원예농협에서 경력사원 스카우트 제의가 들어왔다. 그 무렵 나는 매년 가을 서예 전시회를 준비하고 있었는데 퇴근 후, 한두 시간 연습으로는 턱없이 부족했다. 마침 가까운 거리에 원예농협을 개점한다기에 그곳으로 옮기기로 했다. 그곳은 급여나 복지가 열악했지만, 출퇴근으로 인한 시간 낭비를 줄여 취미 생활에 몰입하고 싶었다.

 내가 새로 옮겨간 곳은 경제업무만 취급하던 특수 전문 농협이었다. 그런데 신용업무를 겸하도록 농협법이 바뀌면서 기존 업무에 능숙한 상무와 직원 두 사람을 발탁해 오게 되었다. 말하자면 우리는 신용업무 오픈 멤버였다. 자긍심을 갖고 일하라고 상무님은 늘 말씀하셨다. 마침 결혼 적령기에 들어선 나는, 결혼하면서 퇴직하면 민폐라 생각하고 있었는데 그래도 괜찮다고 했다. 전 직원이 고작 열 명 남짓 되었다.

 새 직장의 주종은 배梨를 취급하는, 배 농협이었다. 그래서 '이화회梨花會'란 이름의 여직원 모임을 만들었다. 대부분 여고를 갓 졸업한 이십 대들이었다. 내가 큰언니였다. 분기별 한 번씩 모임을 하고 직원들의 생일도 챙겼다. 신입직원이 수시로 들어왔다. 나는 그들을 위한 신용업무 교육을 틈틈이 했다. 그래서 연수원장이란 별명도 얻었다. 내 젊음과 열정을 그곳에 바쳤다. 나는 결혼을 하고도 십 년 가까이 그 농협에서 일했다.

  그곳에는 특별히 나를 따르던 고교 후배가 있었다. 내가 농협을 그만둔 이후에도 그 후배와는 계속 연락을 주고받고 있다. 그는 90년에 입사하여 여태까지 성실히 일하고 있다. 그 사이 그곳 배 농협은 신용·경제업무 둘 다 어마어마하게 발전했다. 그 가운데 '寶보배'라는 브랜드를 갖게 된 배는 지난해에 미국으로 수출까지 했다고 한다. 국내에서는 명절 상품으로만 귀하게 판매하고 있다고 한다. '보배'라는 이름값을 하는 것이다.

  내가 아끼는 그 후배도 보배다. 한 번씩 소식을 전해오며 나를 살뜰히 챙겨주는 고마운 동생이다. 배의 브랜드가 '寶보배'인 만큼 후배도 그곳에서 빛나는 직원으로 보배처럼 남아있기를 바란다.

(2023. 9.)

# 자연드림 밥상

 **경북 영주에** 있는 한옥 펜션으로 직장 동료들과 1박 2일 여행을 떠났다. 딸애와 한 번 다녀온 후로 좋은 사람들과 다시 꼭 오고 싶었던 집이었다.

 그들과 함께 입사한 지 15주년째이고 환갑맞이하는 언니가 있었다. 미리 귀띔해 미역국과 찰밥을 준비할 수 있도록 했다. 깜짝 이벤트였다. 나는 약밥도 준비해 갔다. 밥을 지어 함께 식사한다는 건 정성이고 사랑이다. 그리고 음식의 종류마다 추억과 그리움이 담겨 다시 그때를 생각하게 한다. 주인은 한옥 펜션을 찾아오는 사람들의 취향에 맞게 자기만의 특별한 손맛으로 명약 같은 밥상을 차려낸다. 그뿐 아니라 손님들과 소통도 즐긴다.

보통 손님이 예약되면 도시 사람은 먼저 마트나 인터넷으로 식재료를 주문하지만, 그녀에게 넓은 들판이나 밭이 시장市場이 된다. 봄나물은 뜯어서 삶아 말려 보관하고, 제철 채소로 계절에 맞는 음식을 대접한다. 처음 맛본 호박잎 들깨 된장국과 우엉잎 밀가루 범벅을 한 쌈은 우리를 놀라게 했다. 항아리 숯불 스테이크는 그만의 특별한 음식인데 고기가 입안에서 살살 녹을 정도로 맛있었다. 숯불 항아리의 쇠고리에 밑간한 고기를 매달아 거의 2시간 동안 천천히 구운 것이다. 케이크 모양으로 담긴 맛있는 연잎찰밥에 주전 자연산 돌미역국, 안동 간고등어, 노른자가 탱글탱글한 청계란, 파김치 나물 등은 탄성을 자아내게 했다.

그곳은 주인이 직접 설계하고 지은 한옥이었다. 넓은 잔디밭과 별을 볼 수 있는 다락방까지 주인의 손길이 곳곳에 닿아 더 정감이 갔다. 곳곳에 그림들이 걸려 있어 마치 갤러리에 온 듯 기분이 좋았다. 와인을 좋아한다는 주인장은 그녀만의 특별한 음식을 차려냈다. 처음 딸애와 방문했을 때 그녀는 나보다 내 딸과 대화하기를 즐거워했다. 평소에 말이 없던 아이도 신이 나서 젊은 세대의 생각을 전하며 늦은 밤까지 이야기꽃을 피웠던 생각이 나기도 했다.

고즈넉한 산자락에 정남향 집의 넓은 잔디 마당에 온종일 음악이 흘러나오고 밤에는 별빛과 달빛이 쏟아진다. 마당에서 모닥불을 피워 놓고 불멍하는 시간은 유년의 시간을 불러오기도 했다.

별채에는 책들이 가득한 서재가 있었다. 거기에서 책을 읽다 자도 되고 음악도 감상할 수 있다. 꿈꾸던 도서관처럼 오래된 책을 꺼내 읽으며 책 속의 주인공을 닮아가는 것도 큰 재미다.

그 집에 가면 순례자처럼 마음과 몸이 치유된다. 복잡한 생각을 정리하며 비울 수 있고 그 순간을 즐길 수 있게 만든다. 거실에 앉아 보는 학가산의 모습은 수시로 아름다움을 만들어 낸다. 안개가 자욱하더니 서서히 걷히면서 선명한 산을 보여주기도 했다. 그걸 바라보노라면 절로 마음속 깊숙이 박혀 있던 무거운 응어리들이 조금씩 풀어지는 듯했다.

모두가 아쉬워하며 발걸음을 머뭇거렸다. 자연드림 밥상은 일상에서 허기졌던 우리들의 마음을 채워줬기에 오래도록 추억으로 남아 있다.

(2024. 7.)

# 시인이 된 친구

친구가 『시와 창작』 2022년 여름호에 「엽서」를 응모해 신인상을 받았다. 기쁜 마음에 온 동네 자랑했더니 부끄럽단다. 그럴 만도 하다. 오랜 꿈을 이제야 이뤘다는 기쁨도 있지만 좀 일찍 등단하지 못한 마음이리라.

그녀는 초등학교 때부터 시를 쓰고 중학교 백일장엔 장원도 하고 고교 시절엔 문예반에서 교지도 편집했다. 그런 친구가 몹시 부러웠다. 나도 글을 잘 쓸 수 있었으면 좋겠다고 항상 마음속으로만 생각하며 지냈다. 어쩌면 나의 글쓰기는 그 친구가 계기가 되었는지 모른다. 내 글이 실린 문예지나 동인지가 나오면 친구에게 꼬박꼬박 보냈다. 어쩌다 글쓰기 공모전이 나오면 응모해 보라며 정보를 알려주기도 했다. 그런데 그녀는 살아가는 일이 더 급급해 미뤄왔다.

  친구는 마음씨와 솜씨도 좋다. 고향의 시댁에 들어가 이층집을 신축해서 부모님을 모시며 살고 있다. 그 옆에 갤러리 카페를 운영하며 프랑스 자수도 하고, 대추차와 생강청을 손수 만들어 메뉴로 내놓기도 했다. 쉬는 날엔 도자기를 열심히 굽기도 하니 그녀의 손은 금손이다. 또한 그녀는 고등학교 시절 잠시 함께 자취생활을 했는데 구수한 된장찌개를 맛나게 잘 끓였다.

  그녀의 신인상 수상은 쉽게 얻은 게 아니다. 그동안 꾸준히 습작하면서 학생 시절부터 이어온 글 동아리 '우향友香'도 한몫했다. 그들과 문학 행사나 시화전을 하기도 했다. 또한 어린 시절에 시인은 어두운 바닷가에 나가 파도와 나누던 그 인사말들이 글이 되어 시를 쓰고 혼자만의 열병을 앓던 시간은 삶의 고단함으로 차츰 잊히기도 했다고 한다. 단지 현실 생활에 바빠서 응모하지 않았을 뿐이다. 이제라도 시인으로 등단한 게 정말 기쁜 일이다. 그의 시심 가득한 상상력과 재능을 맘껏 토해내면 좋겠다.

  내 결혼식 날에는 친구가 직접 지은 시를 낭독하며 축하해 주었다. 얼마나 가슴 벅찬 감동이었던지…. 고교 시절 우린 사춘기 소녀의 가슴앓이를 편지로 주고받으며 서로서로 토닥여줬다. 그때의 그리움들이 시속에 고스란히 남아 전해진다. 잠 못 이룬 숱한 밤들을 우린 그렇게 위로하며 살아왔다. 그 세월이 사십 년을 넘게 흘러왔다. 파도 소리 철썩대는 바다와 개망초꽃이 지천인 강둑길을 벗삼아 그녀는 숱한 시어를 담아냈다. 어둠 속의 별빛처럼 빛나게빛나게…. 그녀의 신인상 수상 작품을 보면 그리움이 밀려온다.

엽서 / 김혜숙

내 그리움은
주체할 수 없는
무게로 밤을 밝히지만
그대의 언어는
언제나
손바닥만 한 크기로
달음질해 온다
(이하 생략)

심사위원의 심사평에서도 밝혔듯이 그녀는 고수임이 틀림없다. 그런 시심이 "발가락을 간질이던 조약돌의 매끄러움과 보름달 빛에 반짝이던 윤슬처럼 은은한 색깔의 시를 써보고 싶다."는 그녀의 당선 소감처럼, 이제는 날마다 빛나는 단어들을 엮어 김혜숙 시인만의 멋진 시를 짓기를 소망한다. 그녀가 가슴속에 품고 있던 시인의 꿈을 이뤘으니 맘껏 승화하리라 믿는다.
　이제부터 시작이다.

(2022. 10.)

# 존경하는 동야 교수님께

교수님, 그간 안녕하신지요? 매미 소리 요란하게 울어대는 아침입니다. 지난번 교수님이 계시는 요양원에 다녀온 후로 그새 한 달이 지났군요. 세월은 걷잡을 수 없음을 실감합니다.

2002년 서울에서 제가 이대 평생교육원 생활수필쓰기반을 등록하고 강의실을 찾았을 때 너무 황당하고 놀라웠습니다. 수강생이 적어도 사오십 대의 회원일 거로 생각했는데 거의 어머니와 큰언니 연배 같아서 등록한 걸 잠시 더 고민했나 봅니다.

하지만 서울 생활이 처음인 저로서는 생활의 활력소나 버팀목 같은 게 절실했습니다. "여기 수필반 맞아. 젊은이가 부지런도 하네."라며 나를 끄는 따뜻한 목소리에 그만 계속 공부하고 있었네요. 교양 과목이라 부담도 없고 그냥 평소 일기 쓰듯 글을 쓰면 된다고 했습니다.

  제가 직장을 다니고 있어 제대로 글은 많이 쓰지 못했지만, 학교에 다녀오면 그 한 주가 기분 좋게 흘러가곤 했지요. 교수님의 꾸밈 없는 모습이 더 친근하게 느껴졌답니다. 그래서 수강인원이 넘쳐 화요일 오전 오후 두 반으로 나누고, 오래된 회원은 인사동에서 7년 동안 매주 수업을 하기도 했지요. 그곳에선 월요일 수업이 끝나면 돌아가며 점심을 대접하기도 했지요. 이따금 교수님이 바쁠 땐 숙맥 동인 중 한 분씩을 대신 강의하실 수 있게도 하셨지요. 아마 그때가 가장 바쁘고 행복한 시절이었나 봅니다.

  봄마다 전국으로 문학기행을 다녔는데 그중 욕지도에 갔던 일이 가장 기억에 남아요. 그곳에 가려면 배를 타야 했고 일기예보가 심상치 않아 걱정했는데 무사히 섬 동네에 잘 도착했지요. 그날 밤 기상예보대로 거짓말처럼 폭우가 쏟아졌지만, 회원들과의 수업은 재미있고 잊을 수가 없으셨을 겁니다. 다음 날 감쪽같이 하늘은 햇볕이 쨍쨍 맑아 욕지도 바다는 윤슬로 눈이 부셨고, 우리는 몽돌 하나씩 움켜쥐고 어린아이들처럼 즐거워했지요.

  동인지 출판기념일에 맞춰 교수님을 위해 칠순연, 희수연, 팔순연을 해드렸을 때 "나는 말이야, 꽃 속에서 보내는 노후가 너무 행복해요."라며 기뻐하시던 모습이 떠오릅니다. 학부에서 정년 퇴임하시고 곧바로 이대평생교육원 수필반을 이십 년 가까이 강의하셨으니 이제 좀 편히 쉬셔도 될 듯합니다.

  교수님이 뇌경색과 알츠하이머 진단을 받고 치료 중인 힘든 상황에도 제자들을 잊을 수 없어 종강이나 동인지 출판기념 행사 때 먼 길을 찾아오셨던 그 열정 잊지 않겠습니다. 처음 뇌경색 발병 소식을 접하고 제자들이 집으로 병문안 갔을 때 한 분 한 분 이름을 기억해 내시는 모습에 모두 박수를 보냈지요. 평생동안 학생들을 가르치신 게 몸에 배어 이름을 기억하시는 건 여전하셔서 놀라웠지요. 팔순이 넘도록 강의를 하신 것만도 대단하십니다. 이제 모두를 내려놓고 교수님 건강에만 집중하셨으면 합니다.

  2002년 '교수님 고별강의 및 정년 퇴임식' 기념사진을 찾아보며 감개무량했습니다. 가장 오랫동안 교수님 강의를 들을 수 있어 영광이었고 기쁨입니다. 그리고 지난번 동인지 제12집 『행복한 글쓰기』 출판 때 거동도 불편한데 먼 길 오셔서 너무 감사했습니다.

  고맙습니다.
  존경합니다.
  사랑합니다.
  저희들은 교수님의 발자취를 기억하고 글로써 보답하겠습니다.
그리고 그 사랑 잊지 않겠습니다.
교수님, 오래오래 건강 지키며 행복하시길 빕니다.

                                        2023년 7월 23일
                                        제자 박귀숙 올림

# 형부

**작은 체구지만** 야무지고 손재주가 많은, 항상 배려하며 묵묵히 가족을 지켜온 사람. 나의 형부는 그런 분입니다.

1984년 봄, 큰오빠 생일날 처음 본 형부는 바람에라도 쓰러질 듯 여린 모습이었습니다. 젊은 학생처럼 보이던 그가 언니의 예비 신랑이라 했을 때, 솔직히 놀랐어요. 초등학교 졸업이라는 학력도 낯설었고, 언니가 결혼을 결심했다는 소식에 섭섭한 마음도 들었지요.

하지만 형부가 일찍 아버지를 여의고 어머니와 살면서 동생의 학비를 위해 자신의 배움을 미뤘다는 사연을 들으니, 고개가 숙여졌습니다. 우리 집은 내가 대학교 3학년 때 겨울, 봄, 가을에 세 명이나 결혼식을 올렸어요.

언니의 친구가 직장 동료인 그를 소개해 줬다고 했어요. 할머니는 "우리 식구, 호원이를 닮았네."라며 처음부터 호의적이었지요. 나는 봄에 한 번 그의 얼굴을 보고는 가을에 결혼식 때 보게 되었어요.

형부는 현대중공업에서 기능 올림픽 입상, 특허 출원, 우수사례 제안 등으로 실력을 인정받아 사내에서 스카우트 금지 대상자였다고 합니다. 훗날에 언니에게 들었지요. 자랑스러운 형부였지만, 나는 일반적인 처제와 형부 사이처럼 곰살맞지도 못했어요. 대구에서 학교에 다녔으니 집안에 큰 행사가 아니면 얼굴을 볼 기회가 없었지요.

언니가 결혼한 다음 해 조카가 태어났어요. 마침, 방학이라 언니를 찾아볼 수 있었는데, 집이 좁아 오래 머무를 수 없었지요. 그것도 잠시였습니다. 그해 가을, 조카가 백일도 안 됐을 무렵, 형부 가족은 전남 여수시(구, 여천시)로 이사를 가 버렸어요.

그곳은 신시가지가 들어서고 있어 뭐든 장사하면 될 것 같다고 형부의 동생이 불러들인 거였어요. 교사로 발령받은 동생의 첫 부임지가 그곳이었거든요. 동생이 어머니를 함께 모시려는데 울산으로 올 수 없는 상황이었고, 결국에는 형부가 여수로 이사를 결심하게 되었지요. 그곳으로 옮겨 갈 당시 형부는 사직서를 내도 회사에서는 받아 주지 않을 만큼 인정받고 있었기에 언젠가 돌아올 수 있다는 전제로 이사를 결심했답니다.

그곳에서 문구 센터를 열었습니다. 언니와 형부는 상술商術도 없고 낯선 땅이었지만, 손재주와 성실함으로 장사를 시작했어요. 낮에는 가게를 보고, 밤이면 야간열차를 타고 쪽잠을 자면서 남대문 시장에 물건을 사러 다녔습니다. 늘 잘해내고 싶다는 진심이 있었고, 결국 그 노력은 결실을 보았습니다. 1997년 가을, 3층짜리 건물을 마련해 매장을 확장했고, 지금은 막내아들이 대표가 된 주식회사로 성장했습니다. 딸과 사위도 함께 일하며 여수시의 공공기관 등에 사무용품을 납품하는 든든한 회사가 되었답니다.

긴 세월이 흘러 큰조카가 불혹의 나이가 되었지요. 형부는, 일을 하면서 틈틈이 부동산 공부를 열심히 해서 여기저기 땅을 샀어요. 검정고시로 중고등 과정을 마치고, 만학도로서 조경학과 학사 학위까지 취득했지요. 자식뻘 되는 학생들 속에서 주경야독으로 배움을 이어간 모습은, 누구보다 간절했기에 큰 울림이었습니다. 여정에 함께해준 초등학교 선생님과 직장 상사의 후원도 눈물겨웠습니다.

지금 형부는 수목원 조성에 정성을 쏟고 있습니다. 계곡과 산자락에서 자녀들과 손주들이 캠핑을 즐길 수 있도록 가꿔나가고 있어요. 손주들은 흙을 만지고, 물장구를 치며 웃음꽃을 피웁니다. 얼마나 아름다운 모습인지요. 그 모습만 보는 것으로, 부모로서 더없는 행복일 테죠. 휴일이면 복잡한 생활을 떠나 자연 속에서 힐링을 꿈꾸며 살아가는 자식에게 부모는 큰 선물을 안겨줬어요. 물질보다 더 큰 유산이 되리라 생각됩니다.

하지만 살나 보넌 인생은 언제나 순탄하지만은 않지요. 5년 이상 정성껏 가꾼 장뇌삼을 하루아침에 도난당했던 일도 있었습니다. 모처럼 방문한 장인어른께 맛보여 드리고 싶었는데…. 그 순간 얼마나 큰 충격을 받았을까. 돈으로 환산할 수 없을 만큼 큰 손실을 보았으니, 그 소식을 듣고 어떻게 위로할 수 없어 안타깝기만 했지요. CCTV도 설치되지 않았고, 이름이 새겨진 것도 아니라 찾을 수도 없었어요. 형부는 절망의 순간에도 다시 일어섰습니다.

2022년 5월, 형부가 정성껏 모시던 어머님이 집에서 조용히 하늘나라로 떠나셨습니다. 젊었을 땐, 장사로 바쁜 아들과 며느리를 대신해 살림과 육아를 도맡아 주시고, 며느리를 딸처럼 대했던 고마운 분이었지요. 형부는 늘 아침저녁으로 문안 인사를 드렸고, 지금도 빈방 문을 열며 큰 소리로 "어머니, 다녀오겠습니다."라고 인사한다고 합니다. 얼마나 슬픔이 컸을까요. 말로 다 표현할 수 없는 슬픔을 이제는 속으로 울음을 삼키며 조금씩 덜어내고 있습니다.

카카오톡 프로필은 손주들의 사진으로 자주 바뀌고, '항상 감사하며 살자'는 문구가 늘 자리합니다. 언니의 생일이면 변함없이 '당신의 평생 반려자'라는 글귀와 함께 꽃바구니를 건네는 형부, "아내 덕분이에요."라는 말도 잊지 않습니다. 그의 겸손과 따뜻함은 자녀들에게도 고스란히 이어지고 있습니다.

  인생의 황금기는 60세부터라는 김형석 교수의 말처럼, 형부는 지금, 진정한 황금기를 살아가고 있습니다. 가족들의 사랑과 손주들의 웃음 속에서 여유를 누리고 있지요. 조용한 헌신과 배려, 그리고 끝없는 배움의 자세, 그 모든 걸음에 따뜻한 응원을 보냅니다.

  '브라보, 형부의 인생!'

(2025. 5.)

# 4부
# 여행

# 유비무환

**아이들 성화에** 못 이겨 흐린 날씨에도 불구하고 스키장을 향해 떠났다. 기상예보에는 점점 더 추워진다고 했다. 올림픽 대로를 달려 양평을 지나 홍천 대명 비발디파크까지 거의 3시간이나 걸렸다.

벌써부터 많은 사람으로 북적대고 있었다. 이미 오전은 지나가 버려서 오후 입장권을 사고 점심을 먹기로 했다. 취향대로 설렁탕, 장국밥, 냄비 라면으로 선택해서 그런대로 맛있게 먹었다.

모두 스키를 대여받고 신발도 바꿔 신고 스키장 안을 들어갔다. 지난번에는 애들만 타게 했는데, 이번엔 식구 모두 타기로 했다. 아들은 스노보드를 선택했다. 딸은 리프트를 타고 처음으로 출발 지점까지 오르게 되었다. 초보나 다름없는 내게 딸은 열심히 스키 강습을 시키면서 따라 하게 했다. 생각보다 쉽지 않아서 몇 번이나 엉덩방아를 찧었다. 어린애들도 잘 타는데 내가 못하겠냐 싶어서 몇 번이나 넘어졌지만, 포기하지 않고 시도한 결과 조금씩 나아졌다.

  아이들은 신이 나서 리프트를 타고 올라가 스키를 디고 내려왔다. 우리 부부는 걸어 올라가서 같이 타고 오기도 했다. 전혀 브레이크가 되지 않더니 요령을 배우니, 조금씩 나아지고 있는 것 같아서 용기가 생겼다. 애들과 남편은 한 단계 높은 수준으로 가고 나 혼자만 남아서 초보 수준이지만 그래도 열심히 탔다. 허용된 시간이 다 지나 아쉬워하며 나와야 했다. 처음에는 눈 속이라 추워서 망설였는데 막상 스키를 타니 온몸에 땀이 났다. 날씨도 점점 맑아져 스키를 타기에는 아주 좋았다. 우리는 다음 기회에 다시 오기로 하고 스키장을 빠져나왔다.

  스키장을 떠날 무렵에는 눈이 조금씩 날리더니 시간이 지나자 제법 쏟아지는 게 아닌가! 빠져나오는 차들이 갑자기 많아서 입구까지 나오는 데 무려 1시간 이상이 걸렸다. 주위가 캄캄해지기 시작했다. 적설량이 많지 않고 직선 길이어서 그런대로 속력을 낼 수 있었다. 그러나 시간이 지날수록 기온이 내려가고 눈이 심하게 쏟아지기 시작해서 차의 속력을 낼 수가 없었다. 모두 배고프다고 야단들인데 저녁 먹을 만한 곳을 찾을 수가 없었다. 차들은 거북이처럼 엉금엉금 기어가고 있었다. 바깥 기온은 점점 내려가는지 차창이 얼어서 앞이 잘 보이지 않았다. 이정표 보는 것조차 힘들었다. 이게 사서 하는 고생이 아닐까.

다행히 길옆에서 옥수수와 술빵을 사서 배고픔을 달랠 수 있었다. 아이들은 배를 조금 채우더니 전부 잠에 곯아떨어졌다. 나도 슬슬 눈이 감겨왔지만 나까지 잘 수가 없었다. 남편은 밤 운전이 서투른 데다가 내가 이정표를 보아주지 않으면 안 되기 때문이다. 이럴 줄 알았으면 장롱 속 깊숙이 넣어둔 면허증으로 연수라도 받아둘 걸 하는 생각이 간절했다. 장거리를 번갈아 가면서 운전하면 훨씬 힘이 덜 들 텐데, 남편은 절대로 운전 연수를 못 하게 해서 나는 운전을 하지 못한다. '그 봐. 고집 때문에 혼자서 고생하지.' 이 기회에 연수받을 수 있도록 좀 말해 봐야겠다.

뉴스를 들으니, 서울도 눈이 많이 와서 교통 체증이 심하다고 했다. 갈수록 길은 미끄러워지기 시작했고, 앞이 거의 보이지 않았다. 겨우 긴 터널을 지나 올림픽대로로 접어들 수 있었는데 속도를 낼 수가 없었다. 앞을 잘 볼 수 없었기 때문이다. 딸은 옆에서, 아들은 조수석에서 자고 있어 자동차 전면의 창을 닦을 수가 없었다. 큰 소리로 아들을 깨워 창을 닦게 했지만 잠결에 제대로 닦을 리 없다. 비상 깜빡이를 켜고 느리고 서툴게 운전하고 있으니, 뒷차들이 갑갑한지 경적을 울려댔다. 그래도 침착하게 천천히 운전하는 것이 좋다고 말했다.

  어쨌든 무사히 여의도 근처까지 왔는데 차선 변경을 미리 하지 못해 길을 한 바퀴 돌고 나서야 집까지 도착할 수 있었다. 거의 6시간 만에 온 것이었다. 여태껏 차를 탔지만, 이번만큼 가슴 졸이며 등에 식은땀을 흘린 적은 없었다. 가기 전에 차의 상태라도 철저히 점검했어야 했는데, 아이들 성화에 한 주 앞당겨 가느라고 그렇게 하지 못했다. 차 고장이라도 있었다면 어쩔 뻔했나 하는 아찔한 생각도 들었다. 어쨌든 몇 시간 스키 타려다 몇 배의 고생을 한 것 같다.

  밤 11시가 넘어서야 집에 도착했다. 라면을 끓여서 배를 채우고 나니 스키장에 갔다 온 것이 꿈만 같은 생각이 든다. 그때까지 참았던 피로가 일시에 몰려오기 시작했다. 이번 여행을 통해서 깨달은 것은 무엇이든지 철저히 계획해서 움직여야 한다는 것이다. 유비무환有備無患이라는 말이 있듯이 계획대로 행동에 옮겼다면 그 같은 고생은 하지 않았으리라는 생각이 든다. 다음날이 마침 휴일이라 가벼운 마음으로 잠을 청할 수 있어서 다행이었다.

(2005. 1.)

# 결혼 10주년을 보내며

"언니, 언제 국수 먹여 줄 거예요?"
"올해도 아직 남았습니다."

1990년 이화회梨花會 모임에서 후배들이 내게 했던 말이다. 주변 사람들의 한결같은 결혼에 관한 질문에 다시 한번 생각하게 되었다. 결혼할 때가 되면 한다고 얘기는 했지만, 막상 결정하려니 마음의 준비도 해야겠고 하여 제법 시간이 필요했다. 그러던 차에 부모님 성화에 못 이긴 척하며 결혼에 대해 자연스럽게 생각되어 아버지한테 최종 허락을 맡고 결정을 내렸다.

여고 시절 내가 존경하던 수학 선생님은 "부모님께 효도하려면 일찍 시집가는 거란다."라고 말씀하셨다. 하지만 나는 서른 안에만 가면 될 거로 생각했다. 부모님도 언니 오빠들을 일찍 결혼시킨 덕에 나는 막내라 틈 좀 들여 늦게 보내도 되려니 생각했던 걸까.

 우리는 그 해 12월에 외사촌의 소개로 만났고, 처음 봤지만 별로 낯설지 않을 만큼 서로 닮은 데가 많았다. 지금도 함께 다니면 남매 같다고 한다. 직장 생활로 둘 다 바빴시만 한 살 더 먹기 전에 결혼식을 서둘러 그 해가 가기 전에 결혼 날짜를 정했다. 음력 12월에 결혼 날짜를 잡았다. 양가 부모님 모두 12월이 좋다고 하셨다. 지난 이화회 모임에서 인사치레로 한 말들이 씨가 되었나 보다.

 남편은 장남이고 나는 막내였던지라 결혼식장은 발 디딜 틈 없이 축하객들로 가득 찼다. 결혼식장을 가득 메운 하객들을 보니 행복했다. 조카들의 축하 꽃다발, 친구의 축시 낭독, 또 다른 친구가 태어나서 처음으로 만들었다는 과일 바구니는 정말 고마웠다.

  셀 수 없이 엉켜진
  인연의 실타래 속에서
  수천수만 번의
  윤회를 거듭하여
  오늘 비로소
  청·홍의 색실로 만났으니(중략)

친구의 축시처럼 우리 부부는 특별한 인연을 가지고 있었나 보다. 부부는 닮은꼴이라 했던가! 살아가면서 항상 서로 이해하고 믿으며 사랑할 수 있는 마음을 갖는다면 서서히 마음까지 닮아 가리라 생각되었다.

우리가 결혼한 지도 벌써 10년이나 흘러서 결혼하면서부터 약속했던 10주년 여행을 하게 되었다. 무엇보다도 부모님의 추천이 있었기에 여행을 갈 수 있어 감사드린다. 처음으로 가는 해외여행인 만큼 몇 년 전부터 남편은 자료를 모으고 관련 책자를 보면서 세심하게 준비했다.

일상에서 벗어나 살아온 날을 되돌아볼 수 있었던 결혼 10주년 여행은 무한한 행복을 안겨 주었다. 이탈리아, 스위스, 프랑스를 여행하면서 유럽의 풍요로움과 아름다움과 사람들의 여유 있는 모습을 즐겼다. 고대 역사를 한눈에 볼 수 있는 이탈리아, 그림 같은 풍경을 가진 스위스 융프라우, 예술의 도시 프랑스 파리에서 만든 추억은 우리의 삶도 더 윤택하게 해 줄 것 같다.

인생의 중반에 서서 살아온 날을 경험 삼아 앞으로의 꿈을 설계하며 또 다른 인생의 여정을 준비한다. 너무 숨가쁘지 않게 천천히 걸어가야겠다. 서로에게 위안이 되고 희망이 될 수 있는 든든한 버팀목이 되어야겠다.

(2001. 10.)

# 여행에 취한 남자

**남편은 유럽으로** 렌터카 자유여행을 떠났다. 이십 일 일정으로 알프스 주변과 도시를 여행할 계획이었다. 귀국하려면 나흘 정도 남았을 때였다. 독일 병원에서 급성 요로결석 진단을 받아 급히 귀국한다고 한밤중에 전화가 왔다. 비행기 탑승하기 전이라고 했다.

남편은 이번 여행을 오랫동안 준비했다. 모든 일정을 계획, 준비하고 다른 지사 직원 두 명과 함께 여행을 떠난 것이다. 처음으로 하는 렌터카 여행이라 시동생들도 만류했었다. 내게 미안했던지 퇴직 후엔 꼭 함께 가겠다는 말을 남기고 훌쩍 떠났다. 그는 지난 십 년 동안 여러 차례 해외여행을 다녀왔다. 틈만 나면 여행 관련 TV프로는 녹화까지 해놓고 시청했으며, 관련 책들도 셀 수 없을 정도로 구매하여 읽었다.

24년 전 외사촌의 소개로 남편을 만났다. 그의 취미는 등산과 여행이라며, 닉네임도 여행광이라서 '여광'이라고 했다. 나도 여행을 좋아하는지라 반가웠다. 결혼하면, 등산이나 여행은 자주 갈 수 있겠구나 싶었기 때문이다. 그는 내게 등산화를 선물하기도 했고, 산악회에서 신고식을 한다고 함께 등산을 가기도 했다. 그때 남편은 좋아하는 노래 〈산 사나이〉를 흥겹게 불렀다.

언젠가 그는 교차로의 광고를 보고 등산을 간 적이 있다. 그날따라 우리 회사의 산행 행사와 겹쳐서 애들을 봐줬으면 했는데, 새벽 일찍 먼저 등산을 가 버렸다. 나도 아이 둘을 데리고 회사의 산행에 참석했다. 직원들의 도움으로 애들을 번갈아 안고 업어가며 산행을 잘 마쳤지만, 남편은 그날 밤늦게까지 집에 돌아오지 않았다. 어쩔 수 없이 이 사실을 어머님께 알렸다. 밤새 뜬눈으로 보낸 어머님은 새벽에 밖에 나가서 광고지를 겨우 구해 왔다. 그 광고란에 등산하려던 산 이름이 적힌 곳의 연락처로 전화를 했다. 그와 함께한 등산팀 전부가 조난되었다는 사실을 알게 되었다. 산속에서 꼬박 밤샘한 남편과 그 팀은 다음 날 산악구조대의 도움으로 무사히 하산하고 귀가할 수 있었다.

이번에도 남편이 여행을 떠난 뒤, 나는 불안해서 잠도 제대로 잘 수가 없었다. 그러나 그는 겨우 한 줄 정도의 문자로 이동 경로를 알려올 뿐이었다. 일정의 중반을 넘기고 출발지 독일로 돌아왔다는 문자를 받았을 때는, 생각보다 일정이 일찍 끝난 것 같아 마음이 놓였다. 그런데 요로결석으로 돌아온다고 하니 안타까운 마음이 들었다. 아마 과로하면 그 병이 발병하는 것 같다. 결혼 10주년 기념으로 함께 유럽 여행을 다녀왔을 때도 요로결석 발병으로 고생을 한 적이 있었다.

인천공항으로 마중을 나갔다. 비행기 도착 후 한 시간이 넘어서야 나타난 남편은 힘든 모습이 역력했다. 마침 집에서 가까운 곳에 야간 비뇨기과 진료를 하는 병원이 있어, 바로 체외 충격파 쇄석술을 받을 수 있었다.

여행은 언제나 아쉬움이 남지만, 이번 여행은 처음 시도한 렌터카 여행이라 나름의 보람이 있었다고 한다. 1년 넘게 준비하면서 많은 어려움도 생길 수 있다는 것을 예상했지만, 그래도 무난히 잘 다녀온 것 같다. 렌터카 여행이 배낭여행과 달라서 많은 짐을 메고 다니는 불편함도 없고, 산악지방이나 조용한 소도시도 자유롭게 갈 수 있어서 좋았다고 한다. 먹을 것도 겹치지 않게 각자 준비해서 잘 먹을 수 있었다며, 속으로는 아쉬움이 많았겠지만 내색하지 않고 이번 여행에서의 좋았던 점을 이것저것 들려준다.

남편은 몇 년 남지 않은 정년을 앞두고 지금도 부지런히 전국

관광지의 홍보 책자를 모으고 있다. 지금까지는 맘껏 여행하지 못했지만 '여광' 덕분에 함께 여행할 수 있으리라 기대한다. 남편은 여행 후엔 자잘한 병을 앓기도 하지만 마음만은 확실히 힐링이 된다고 하니 아파하면서도 끊임없이 계획하고 관련 책들을 탐독한다. 지금은 미국 렌터카 여행을 꿈꾸며 하루하루 신나게 살고 있다.

인생은 여행이라는 말처럼 인생 후반부는 우린 따로 그리고 함께 여행을 꿈꾸며 멋지게 살아가기를 바란다.

(2015. 9.)

# 베스트 드라이버

"동영상 찍는다!"

"안뇽~. 내, 베스트 드라이버 아이가?"

운전석엔 딸이 앉아 핸들을 잡고 있다. 딸이 운전하는 차를 처음 타 본다. 나는 결혼 전에 면허증을 취득했지만 장롱면허다. 그런데 딸은 누굴 닮았는지 운전을 곧잘 한다. 자칭 '베스트 드라이버' 딸과 함께 제주도에서 여행 중이었다.

"엄마, 안 무섭나? 겁도 없네."

"안 무숩다. 우리 딸 운전 잘하네. 아빠 옆 좌석엔 앉지도 않았는데."

공항 부근에서 렌터카를 인수하여 운전하며 나오는 길에 나는 아무렇지 않은데 오히려 딸이 염려한다. 그런데 조금 달리다가,

"엄마, 차 소리가 이상해. 우웅 소리가 나. 레이싱카 같아."
"글네? 차가 오래됐나 보다. 전화해 볼게."
렌터카 고객센터에 전화했다.
"저기요, 차를 방금 빌렸는데요, 차 소리가 이상해요. 다른 차로 바꿔야겠어요."
전화를 받은 사람은 기어가 +, −에 불이 들어오는지를 확인해 보라고 했다. 그제야 딸이 뭔가 깨닫고 웃는다. 낯선 차량이라서 작동하는 것이 익숙하지 않아 저단 기어로 운행한 것이다. 다시 기어를 바꾸자, 차 소리가 정상적으로 바뀌어 달렸다.
진짜 렌터카 여행의 시작이었다. 비행기 표와 숙박, 렌터카까지 예약하고서 내심 걱정을 했다. 남편한테는 대중교통으로 여행하겠다고 했지만, 걱정이 앞섰다. 딸은 면허증은 있지만 운전 경험이 거의 없었기 때문이다. 우리 모녀의 여행은 약간의 두려움과 설렘을 안고 떠나온 것이었다. 하루 종일 운전을 잘하던 딸이
"엄마, 나 여태껏 후면 거울을 한 번도 안 봤다."
"왜? 그걸 봐야 뒤쪽의 차를 확인할 수 있지."
"난 그게 있다는 사실도 까먹었다. 사이드미러만 봤지. 아, 그걸로 보니 뒤차와의 거리가 가늠이 잘되네."
딸은 막힘없이 운전을 했지만 운전 경험이 적어 서투른 부분

이 많았다. 저녁을 먹고는 가까운 섭지코지를 둘러보기로 했다. 시골길이라 어두워지기 시작하면 버스도 운행을 안 한다는 길이었다. 딸은 가로등도 없는 길을 용케도 운전했다.

"엄마, 불이 더 밝은 게 있었네! 여태 상향등을 안 켜고 다녀서 어두웠구나. 그래서 아까 섭지코지 가는 길이 한 치 앞도 안 보였잖아."

"그래? 난 상향등을 켠 줄 알았는데."

"엄마, 나는 하향등을 킨 게 제일 밝은 건 줄 알았지. 다 돌리고 한번 꺾어야 했네. 이걸 마지막 밤이 되어서야 알았네."

가로등 하나 없는 시골길에서 하향등만 켜고 한 치 앞도 제대로 못 보고 운전을 한 셈이다. 딸은 상향등을 켜고 앞이 훤히 잘 보인다며 좋아했다. 위험한 밤길 운전을 했는데도 사고가 없었던 것이 천만다행이었다.

딸은 운전하고 싶어 했지만 기회가 별로 없었다. 남편은 딸애가 운전자 보험에도 가입하지 않았고, 또 경험이 적은지라 운전을 못하게 했다. 하지만 이번 여행에서 맘껏 운전할 수 있어서 신났다. 남편은 우리가 대중교통편으로 여행한다고 했는데도 믿을 수 없었는지 저녁 시간엔 운전하지 말고, 옆 좌석에서 떠들거나 음악도 틀지 말고 오직 운전에 집중할 수 있게 하라며 문자를 보내왔다. 그런데도 우린 모든 걸 이미 다 하고 있었다. 믿을 수 없을까 봐 딸이 운전하는 모습을 동영상으로 찍어 남편에게 보냈더니, 엄마와 딸이 똑같이 철이 없다는 잔소리만 돌아왔다.
  초보 운전자인 딸의 옆자리에서 즐거워하면서도 내심 노심초사하며 걱정을 했던 여행이었다. 베스트 드라이버라며 딸을 치켜세우고 격려한 것은, 이제 곧 사회의 초년생이 될 아이의 기를 살려 주기 위해서였다. 대학에 입학할 무렵, 심리적 아픔을 겪은 딸의 모습을 아직도 잊을 수 없었기에, 엄마인 내가 응원을 하지 않으면 자신감을 갖기 힘들 수도 있기 때문이다. 남편에게 철없는 모녀로 보일지라도 나는 언제나 딸을 응원한다.
  2박3일 동안 무사히 여행을 끝냈다. 몇 번의 시행착오가 있기는 했지만, 딸의 운전에 조바심하던 남편의 걱정과는 달리, 나를 조수석에 태우고 3일간 제주도 구석구석 운전하고 다닌 것이다.
  딸은 운전대를 잡은 채 연신 자신감 넘치는 목소리로
"내, 베스트 드라이버 아이가?" 하며 들떠 있고,
나는 "맞다! 맞다!"하며 엄지를 치켜들었다.

(2017. 5.)

# 딸과 함께한 여행

**후커 밸리 트랙**

딸이 워킹 홀리데이Working Holiday를 위해 호주로 떠난 뒤, 1년 만에 시드니로 날아가서 상봉했다. 나의 퇴직 기념 여행을 함께하기 위해서였다.

시드니에서 바로 뉴질랜드 퀸스타운으로 비행기로 이동했다. 모든 일정은 딸이 예약하고 계획을 다 잡아뒀다.

퀸스타운에서 며칠 보내고 마운트 쿡Mt. Cook의 후커밸리 트랙Hooker Valley Track을 출발했다. 편도 5km이지만 왕복 시간은 일반인 기준 3시간이란다. 출발하려는데 비가 세차게 내려 잦아들기를 기다렸다.

얼마 후 옷차림을 단단히 하고, 최소 간식과 비옷, 우산을 챙겨 출발했다. 마스크까지 쓰니 바람 들어올 구석이 없어 추위는 느낄 수 없었다. 길은 거의 평탄하고 3개의 구름다리를 건너야 후커 레이크Hooker Lake에 도착할 수 있었다.

가는 동안 날씨도 변화무쌍했다. 비바람이 몰아치고 무지개가 뜨고 지는 게 우리네의 삶 같았다. 묵묵히 걸었다. 딸내미는 살면서 가장 많이 '엄마'를 불러대며 나의 반응을 살피고는 힘든 과정을 잊게 해주었다. 나보다 더 숨차고 힘들어 보였지만, 멋진 풍경이 나오면 영상을 찍으며 추억을 쌓는 일에 열중이었다.

'인생 최고의 날'인 것 같아 탄성을 지르기도 하니 힘들었던 시간이 사라지고 몸도 마음도 가벼웠다. 목적지인 후커 계곡 호수에 도착하니 빙하가 녹아 물빛이 희뿌연 밀키스 색깔 같았다. 호수 곳곳에 유빙이 쌓여 있어 더 예뻤다. 마운트 쿡의 설산 또한 완전 천연의 아름다움이었다. 그것이 관광객을 더 불러오는지 모른다. 천혜의 관광지였다.

다시 올 수 있을까? 맘껏 지금, 이 순간을 즐기자고 했다. 바쁘게 달려왔던 일들은 뒤로하고 조금은 느긋하게 마음 가는 대로 새롭고 자유롭게 살아 보련다.

(2023년 8월7일)

## 3달러

서둘러 체크 아웃을 하고 출발했다. 이동 중에 아침을 먹으려고 'The Greedy Cow Cafe'에 줄을 섰다. 나는 메뉴 선택만 하고 딸이 주문해서 아침 식사를 든든히 했다.

그런데 딸이 크루아상을 하나 더 먹고 싶다며 내게 주문해 보라 했다. 선뜻 나서기 어려웠지만 쭈뼛거리며 영어로 주문했다.

"Can I get please one croissant?"

주문하고 현금결제를 마친 나는 '미션 성공'이라며 기뻐했다. 한참 후 빵이 나왔다. 근데 깜빡한 게 있었다. 가만히 생각해 보니 빵이 7달러였는데 10달러를 건네고 거스름돈을 받은 기억이 없고 호주머니에도 없었다.

딸아이는 캐셔한테 상세히 설명하고 3달러를 받아왔다. 거스름돈을 고객에게 정확하게 계산하는 건 캐셔의 가장 기본적이고 중요한 일이다. 그런데 16년 가까이 캐셔로 일한 내가 그걸 깜빡 잊다니! 정말 어처구니없는 일이었다. 시간이 지나면 그냥 잊어버리는 걸까. 아니, 영어로 주문한 걸 혼자 대견해하며 무사히 끝냈다는 생각만 한 걸까.

마침, 그 광경을 딸이 동영상을 찍어둬서 다시 보니 그 점원은 현금을 받고는 돈통을 닫고 빵 주문서를 다른 동료에게 전하고 있었다. 영수증 달라는 것도 잊었으니, 거스름돈도 서로가 잊은 모양이었다.

3달러! 적은 금액이지만 잊지 못할 에피소드를 선사했다. 어떤 TV프로에서 엄마를 모시고 어린 자녀와 일본 여행을 간 여배우 생각이 났다. 초등생인 아들에게 과자를 사 오게 했다. 일본어와 몸짓으로 주문하고 거스름돈까지 챙겨 온 아이에게 장하다고 칭찬하던 그녀가 생각났다. 그런데 어리숙한 엄마인 나는 대단한 일을 한 것처럼 의기양양했지만, 딸 앞에서는 꼬리를 내릴 수밖에 없었다.

한국에서는 딸과 여행할 때면, 내가 음식을 주문하고 계산했는데, 이젠 낯선 외국에서 딸의 도움으로 여행하고 있다. 어느새 딸은 믿음직스럽게 자라 내 보호자가 되었다. 딸이 운전하고 맛집을 검색하고 취향에 맞게 여행지를 골라 이곳저곳 맘껏 구경하게 하고 먹거리도 입맛에 맞는 걸 택하게 한다. 완전 VIP 여행 가이드다!

(2023년 8월 9일)

### 해돋이

뉴질랜드에서의 마지막 여행 날이다. 평소 해돋이를 좋아하는 나를 위해 딸은 특별한 계획을 했다. 그걸 보자고 새벽에 출발하잔다. 크라이스트 저지에서 거의 한 시산쯤 날렸나. 이른 새벽 찬바람마저 세찼다. 그나마 그제 눈이 펑펑 쏟아진 날씨와는 달라 행운이었다. 아침마다 딸내미는 꼼지락대는 나를 다그친다. 대여섯 살 아이처럼 "미안합니다."라며 어리광을 부리다 숨죽이며 안전운전을 도와주기 위해 조수석에 앉았다.

이곳에서 처음으로 긴 터널도 지나고 한없이 고지를 향해 오르락내리락 아슬아슬하게 올라갔다. 거의 하늘 밑까지 올라온 듯했다. 여명이 바다 전체를 물들이고 있었다. 구글 지도를 보고 딸이 찾아낸 그곳은 해돋이를 감상하기에 완벽한 곳이었다.

기도하듯이 숨죽이며 구름 너머로 뚫고 나오는 해를 향해 두 손을 모은다. 순식간에 둥그런 모습으로 힘차게 떠오른다. 우린 그 순간 환호하며 서로 부둥켜안고 멋진 일출 풍경을 사진으로 담는다. 정말 인생 최고의 날이었다. 고맙고 장하다. 그 힘든 곳을 위험 무릅쓰며 운전하지 않았던가.

엄마에게 날마다 더 멋진 곳을 보여주고 싶어 기후에 맞게 스케줄도 잘 잡는다. 그간 고생했던 날이 눈처럼 사르르 녹는다.

맘껏 소리쳐 외친다.

"고맙다. 사랑한다. 고로 나는 행복하다."

(2023년 8월 12일)

## 뚜벅이 여행

크라이스트 처치에서 시드니까지 날아왔다. 여기엔 딸이 6개월간 워킹 홀리데이를 위해 머물렀으니 구석구석 알고 있는 곳이라 뚜벅이 여행을 할 수 있었다. 전날 공항에서 긴장했던 시간 속에 심사대를 통과하고 개선장군처럼 무사히 빠져나온 안도감으로 이곳에선 여유로웠다.

맛있는 베이글 집을 찾아 딸과 함께 먹는 아침은 그 자체로 충만감을 주었다. 딸은 사나흘 사용할 교통카드를 중앙역에서 충전해 줬다. 비가 부슬부슬 내린다. 우산도 챙기고 옷도 따뜻하게 입었다. 시내 중심가를 걸어서 돌아다녔다. "저곳은 내가 8주간 살았던 호스텔이야." 또 "저쪽에서 처음으로 일했던 곳도 보이네."라며 친정집에 온 듯 즐거워했다. 우리 모녀는 시드니 거리를 걸으며 지난 시간의 얘기꽃을 피웠다.

트램을 타고 하버 브리지와 오페라하우스도 구경하고 로열 보타닉

가든까지 걸었다. 오래된 나무들과 꽃들을 보고 감탄하며 여유를 즐겼다. 그곳은 지난번 동료들과 함께했던 추억을 불러오기도 했다.

많이 걷다 보니 슬슬 배가 고파왔다. 비 오는 날엔 수제비가 맛있겠다며 한국인이 운영하는 손칼국수 집을 찾았다. 지하철로 30분 거리였다. 전철역 바로 옆에 있어 찾기가 좋았나. 너댓 개의 테이블이 있는 실내는 좁은 공간이었지만, 그래서 더욱 오붓했다. 손칼제비와 양푼비빔밥을 주문했다. 손칼제비에 양념장(고추간장)을 넣으니, 맛이 배가 되었다. 면과 수제비가 얇아서 졸깃한 맛이 일품이었다. 멸치로만 우려낸 국물 맛도 개운했다. 또한 양푼비빔밥은 고향의 추억을 불러들이는 맛이기도 했다.

여행할 명소나 맛집을 구경시키고 맛보여 주려고 거리에 개의치 않고 열심인 딸의 맘이 느껴졌다. 오늘도 일인 다역을 감당한 최고 가이드에게 짝짝 짝짝짝 박수를 보낸다.

1년간 이곳에서 억척스럽게 살아낸 만큼 이제부터는 너의 앞날에 더 멋진 길이 활짝 열릴 거야.

화이팅! 수고했어! 정말 고마워!

(2023년 8월 14일)

# 봉정암 가는 길

**남편과 함께** 봉정암을 찾았다. 새벽 여섯 시 전에 숙소에서 나와 미시령 톨게이트를 지날 무렵 안개가 자욱했다. 백담사 쪽으로 가기 위해서는 용대 삼거리로 나가야 했다. 안개 덮인 사이로 이슬비가 내리고 있었다. 예정보다 일찍 용대 삼거리 인근, 백담사행 셔틀버스를 탈 수 있는 주차장에 도착했다. 차에서 등산화로 바꿔 신고 셔틀버스 승차권을 구입하고 줄을 서서 기다렸지만, 순서대로 승차하다 보니 우리 부부는 두 번째 차를 탈 수 있었다. 봉정암에 오르기 위해서는 일단 백담사 입구까지 가야 했다. 깊은 계곡 길을 달려서 백담사 입구에 도착하니 일곱 시였다. 봉정암까지는 10.6km를 걸어야 했다. 안개가 자욱했다.

오래전부터 봉정암에 가고 싶었다. 그러나 바쁘게 살다 보니 찾지 못했다. 계곡을 따라 걷는 길은 감탄을 자아내게 했다. 신선한 공기와 에메랄드 빛깔의 물이 마음속까지 시원하게 씻어주었다. 쉬엄쉬엄 걸어 8시 30분쯤 영시암永矢庵에 도착했다. 영시암은 조선의 유학자 김창흡(1653~1722)이 지은 절이다. 폐허로 남아 있던 것을 여러 번에 걸쳐 중건했다. 대웅전에 들러 참배하고 간식을 먹었다. 마침 절에서 참배객을 위해 마련해 둔 커피도 마실 수 있어서 고마웠다. 한결 힘이 솟았다.

다시 걷기 시작했다. 수렴동 계곡 대피소에 도착해서 잠시 숨을 고르고 또 걸었다. 내 속의 나를 찾아 걸었다. 옆에서 남편이 말없이 뚜벅뚜벅 걸었다. 둘이서 앞서거니 뒤서거니 하며 말이 필요 없었다. 우리 부부가 함께 봉정암에 갈 수 있어 기뻤다.

나는 물처럼 살고 싶었다. 살아 보니 그게 쉬운 게 아니었다. 온갖 바위와 부딪히며 아파하고 어떤 땐 세찬 소沼의 소용돌이 속에 갇혀 허우적거릴 때도 있었다. 내 마음이 힘들고 외로울 때는 조용한 산사를 찾거나 바다를 찾기도 했다. 그리고 그곳에서 마음의 위로를 받을 수 있었다. 봉정암을 찾아가며, 계곡의 수정같이 맑은 물을 보니 그간 어지럽던 마음도 깨끗이 씻어지는 듯했다.

바위와 돌계단, 철 계단, 나무 계단 등을 오를 때면 지나온 내 인생길 같았다. 쉬지 않고 걸었다. 회사 생활의 고단함과 어머님과의 갈등, 아이들 교육 등을 잘 이겨내고 여기까지 왔다. 너무 힘에 부칠 땐 너럭바위 위에 앉아 물과 간식을 먹으며 힘을 보충했다. 가끔은 물속에 손을 담그고 그 시원함을 온몸으로 느꼈다. 인증사진도 남기고 또 출발했다. 조금씩 숨도 가쁘고 걸음도 더디어졌다. 신발도 무거워 발걸음을 옮기기가 힘들었다. 고개를 들어보니 하늘이 파랗게 보였다. 소리를 질러 보았다. 곧 정상에 다다르리라 믿었다.

마지막 봉정교 입구에 커다란 나무 한 그루가 길을 가로질러 누워 있었다. 고개를 숙여야만 지날 수 있는 곳이었다. 오를수록 겸손해야 하는 인간의 마음을 뜻하는 것 같았다. 곧바로 아주 가파른 철제 계단을 올라갔다. 마지막 깔딱고개가 500m 남았다. 해탈의 고개란다. 그 구간을 오르는 중 두세 번은 걸음을 멈췄다 가야 숨을 고를 수 있었다. 뒤돌아 내려다보니 눈앞으로 펼쳐진 경치는 말로 표현할 수 없을 정도로 아름다웠다. 200m 남았다. 내리막으로 가다가 또 오르막으로 쉼 없이 올라가다 보니 마침내 봉정암에 도착했다.

봉정암, 진정 찾고 싶었던 곳이었다. 잠시 물로 목을 축이고 사리탑으로 올라갔다. 스님이 염불을 하고 계셨다. 나도 그 뒤편에 앉아 부처님 사리탑을 바라보며 절을 했다. 이곳까지 무사하게 올라오게 되어 감사하고, 또 가족의 건강과 사랑을 축원하며 기도했다. 어느새 흠씬 젖었던 등판의 땀도 식었다. 하늘이 푸르고 햇살은 더 눈부셨다. 뒤쪽 전망대에 올라 공룡능선을 바라보며 그 경관에 감탄했다. 참으로 아름다운 곳에 사리탑을 봉안하셨구나, 생각하였다.

앞만 보고 살아왔던 지난날이었다. 이제 이순耳順의 나이로 들어서고 보니 옆도 뒤도 돌아보게 된다. 세상은 혼자 살아가는 건 아니다. 함께 같이 손잡고 살아가야 한다. 긴 시간 힘들었지만, 내 안의 나와 만나는 수행과 기도의 시간이었다.

올라갈 때 못 본 꽃이 내려갈 때에야 보인다더니 내 인생도 그렇다. 돌아보니 숨막히고 험난했던 시간들도 오늘의 꽃을 피우기 위한 진통이고 봉오리였나 싶으니 모든 순간 순간이 고맙기만 하다.

(2023. 3.)

# 밀라노에서 밀라노까지

**오랜 시간 준비한** 한 달간의 여행을 앞두고 남편은 봄에 뇌종양 제거 수술을 받았다. 후유증으로 걷고 운전하는 일을 전처럼 자유롭게 하지 못했다. 하지만 이미 친구 부부와 함께 여행을 떠나기로 약속한 데다, 비행기 표와 렌터카까지 예약한 상태였다. 염려가 되었지만, 스트레스 해소의 계기가 될 수도 있겠다 싶어 여행을 떠나기로 했다. 밀라노에서 이탈리아의 중북부를 두루 관광하고 다시 밀라노로 돌아오는 여정이었다.

12시간 이상의 비행시간으로 피곤했지만, 비행기 아래 보이는 바다처럼 푸른 밀라노의 하늘을 보며 나서기를 잘했다는 생각이 들었다. 제노바 크리스토퍼 콜럼버스의 집, 친퀘테레, 피사의 사탑, 우피치 미술관, 시에나, 토스카나 평원, 치비타 디 반뇨레죠

아시시의 성 프란체스코 성당, 산 마리노 공화국, 볼로냐를 거쳐 베네치아로 넘어갔다.

### 베네치아 아카데미아 미술관

베네치아의 날씨는 쾌청했다. 도시는 세계 각국의 여행객으로 발 디딜 틈이 없을 정도로 복잡했다. 일요일이라 관광객이 많을 거라 생각되어 자동차는 숙소 근처에 두고 트램을 탔는데, 생각했던 것보다 빠르게 도착했다.

아카데미아 미술관은 입장권 예매가 안 되었지만, 현장 구매의 희망을 품고 이른 시간에 찾아갔다. 다행히 입장권을 구매할 수 있었다.

그곳은 베네치아 미술사를 한눈에 볼 수 있는 800점의 회화를 보관하고 있다. 이는 1750년도에 설립되었으며 1807년 베네치아를 점령한 나폴레옹에 의해 왕립 예술 아카데미로 변경되면서 현재의 자리에 있다. 1817년 대중에게 처음 공개되었다.

중세의 미술을 한꺼번에 볼 수 있음에 가슴이 벅찼다. 조반니 벨리니의 〈성모자와 성녀들〉은 원색의 화려함과 사실적인 인물의 회화가 감탄을 자아내게 했다. 또한 티치아노의 〈성모 마리아의 봉헌〉에서는 어린 마리아에게서 나온 빛이 초자연적인 성스러움을 자아내는 것 같아 오래도록 눈을 떼지 못했다.

(2024년 9월 22일)

### 돌로미티 트레치메 디 라바레도 트레킹

오후에는 비 예보도 있는데다 일찍 입장하지 않으면 주차도 어려울 것 같아 서둘렀다.

안개비가 내리는 오르막 내리막길을 두 시간이나 달렸다. 안개 속으로 조심조심 운전하는 박 선생은 최고의 드라이버였지만, 우리는 아슬아슬한 오르막길을 운전하는 걸 보며 숨을 죽였다.

이른 시간인데 자동차와 등반객들이 붐볐다. 앞이 거의 보이지 않아 산장에서 따끈한 커피를 마시며 몸을 녹였다. 직장에 다닐 때 짬을 내어 잠시 쉴 때처럼 편안해졌다. 은발이 아름다운 건강한 모습의 독일인 노부부 옆에 자리를 잡았다. 복잡한 테이블의 옆 공간을 우리에게 내준 그들의 온화한 미소를 보며 왠지 평생을 잘 살아왔으리라는 생각이 들었다.

2,000m 고지라 기온 차이가 심했다. 겹겹이 입은 복장이지만 스틱도 없이 걷기는 보통 힘든 일이 아니었다. 그래도 거대한 바위의 산들은 다시 볼 수 없을 풍경이라 보는 내내 벅찬 마음으로 한 걸음씩 옮겼다. 몸이 가벼워지는 느낌이었지만 오르막길

엔 호흡도 조절해야만 했다. 문득 숨가쁘게 살았던 지난날들이 스쳐 가기도 했다.

이정표를 확인하며 뚜벅이처럼 걸었다. 낭떠러지가 있는 가파른 길에선 남편이 균형을 잡기가 힘들어 왼편에서 손을 잡고 걸어야 했다. 내가 보호자가 되었다. 어테 남편이 보호자로 살아왔는데, 수술을 한 이후부터 역할이 바뀌었다. 그간 나는 편하게 살아왔다. 나침반이 이끄는 대로만 따라다녔으니…. 내가 남편을 부축하며 걷기가 힘들 때는 누군가의 도움도 받았다. 봉정암에 올랐을 때처럼 가슴이 충만해졌다. 햇살이 우리를 보듬어 주는 듯 따사로이 어깨를 감쌌다.

삶이 모두 여행 같지만, 오늘은 특별한 방점 하나를 찍는 하루였다.

(2024년 9월 25일)


### 돌로미티 산타 막달레나 교회와 알펜디시우스

안개가 자욱해서 계획했던 일정의 순서를 변경했다. 오전에 예쁜 마을 속의 산타 막달레나 교회를 둘러보고 그 주변을 걷기로 하고, 오후엔 날씨가 맑아질 듯하니 알펜디시우스로 가기로 했다.

성 요한 교회의 입장권은 무인 발행기로 구매했다. 작은 교회가 많은 관광객을 불러들인다는 생각이 들었다. 그곳은 구리로 만든 돔을 가진 바로크 양식의 작은 건물이었다. 나중에 나와서 보니 밖에서 볼 수 있는 것도 많았다. 얻는 것이 있으면 잃는 것도 있다는 생각이 스쳐 갔다. 그래도 안개가 걷히고 가까이서 선명히 볼 수 있어 감사했다.

거기서 1km 거리에 산타 막달레나 교회가 언덕에 있었다. 제법 오르막길로 걸어가야 했다. 올라가는 길목엔 소들이 여유롭게 풀을 뜯고 있었다. 초록의 들판에 옹기종기 모여있는 집들이 스위스의 마을처럼 예뻤다. 점심 무렵, 교회에 도착했다. 교회 내부는 화려하지 않고 아담했다. 정원에는 공동묘지도 함께 있었다. 좁은 공간에 가족들의 묘지가 있어 잠시 숙연해졌다. 산 자와 죽은 자의 거리가 그리 멀지 않음을 느꼈다.

오후에 케이블카를 타고 알펜디시우스로 갔다. 전날 세체다에서 비와 안개로 볼 수 없었던 웅장한 바위들도 볼 수 있었다. 날씨는 변화무쌍했다. 그나마 내가 '날씨의 여신'이라는 지인의 말처럼 중요한 지점마다 밝은 햇살이 맞아 주는 것 같아 감사의 마음이 충만하기도 했다.

청명한 가을 하늘을 눈이 부시도록 즐겼다. 여행의 묘미였다. 고원에 펼쳐진 초록의 풀밭은 융단을 깔아놓은 듯 아름다웠다. 사방에 병풍처럼 펼쳐진 장엄한 바위들을 보며 탄성이 절로 나왔다. 돌로미티 최고의 풍경이었다. 초록 평원을 맘껏 누비다가 슬며시 남편의 손을 잡으니, 세상에 부러울 것이 없었다.

(2024년 9월 27일)

이딜리아 중북부 소도시끼지 누비디 보니 나도 어느덧 그곳 사람이 되는 듯 문화가 많이 익숙해졌다. 산과 들, 유적지를 가슴에 담고 다시 밀라노로 돌아왔다.

돌아보니 매일 뜻밖의 일이 생겨나고 또 해결하고 배우며 여기까지 왔다. 어떤 날은 숙소로 돌아오는데, 오전에 갔던 길과 달라 확인해 보니 주소를 잘못 입력한 것이었다. 다시 정확한 주소를 입력하고는 늦은 시간에야 숙소에 도착하기도 했다. 매일 기도하며 하루 일정을 시작했다. 동행한 박 선생은 말이 필요 없을 만큼 손발이 잘 맞았다. 그 아내와 나도 협심하며 식사를 담당했다. 매일 아침 잡곡밥과 건강한 식단으로 하루를 시작하고 점심 도시락도 챙겼다. 저녁에 돌아와 저녁밥까지 지어 먹었으니, 우리는 더 건강해지고 돈독해졌다. 정말 감사했다. 'sorry, thank you, grazie'만 반복하며 다녔기에 환상의 동반자가 된 것이다.

밀라노에서는 트램을 이용하며 우리가 소지한 카드를 단말기에 터치만 해도 교통카드로 통과되었다. 중요한 곳은 예약 문화가 자리 잡혔다. 현장 입장권 구매는 한 장도 할 수 없는 곳도 있었다.

예약한 입장권으로 거대한 밀라노 두오모 성당을 찾았다. 그곳은 1386년에 착공하여 무려 500년 이상 걸려 1965년에 완성되었다고 한다. 황금 마돈나 첨탑의 꼭대기에 금박을 입힌 성모 마리아상이 있다. 성당 자체가 도시를 축복하는 듯한 모습으로 경외감을 자아내게 했다. 이탈리아의 예술과 건축 역사를 고스란히 담고 있는 고딕 양식의 아름다움은 잊을 수 없는 풍경이었다.

다시 밀라노로 돌아와 일찍 숙소를 찾았더니 주인과 연락이 안 되었다. 우여곡절 끝에 숙소에 들어갔다. 어디든 복병은 도사리고 있는 것 같았다. 살다 보면 예기치 못한 벽에 부딪히는 것처럼 여행은 우리 인생의 축소판인 것 같다.

남편의 어려운 상황에서 단행한 여행이었기에 더욱 고맙고 뿌듯했다. 먼저 퇴직한 그는 장기간 렌터카 여행을 준비하며 내가 퇴직하기를 기다려 왔다. 결혼 후 삼십 년 이상을 함께하며 기쁜 날도 있었지만, 부모님을 떠나보내거나 자녀 문제 등으로 잠 못 이룬 날도 더러 있었다. 의견 충돌도 있었지만 서로 믿고 이해하고 존중하며 달려왔다.

밀라노에서 시작하여 다시 밀라노로 돌아오는 동안에 날마다 날씨, 교통, 언어 등 갖가지 일로 우여곡절을 겪었다. 사흘째 되던 날, 남편은 사소한 일로 "헤어져서 따로 여행하자."라고 할 때도 있었다. 그럴 때마다 한 발씩 물러나 이해하고 설득하며 여정을 이어왔다. 긴 여행에서 어떻게 의견충돌이 없었을까마는, 참고 견뎌냈다. 그동안 기쁨과 즐거움도 있었지만, 다양한 난관을 거치며 우리가 무사히 귀환하고 보니 앞으로의 삶에 대해서는 자신감이 충만해졌다. 그랬기에 즐겁고 보람찬 시간이 더욱 의미가 있지 않았을까.

여기까지 잘 살아왔으니, 앞으로 삼십 년은 무난히 잘 살 것 같은 예감이다. 단칸 셋방살이로 시작한 우리 부부가 아들딸 낳고 소박하나마 안온한 둥지를 이루고 이만큼 온 것에 감사할 뿐이다. 둘이 함께 손잡고 걸으면 못 할 일이 없겠다 싶다. 다시 새로운 삼십 년이 시작되었다.

# 김 반장

**새카맣게 그을린** 얼굴에 검정 선글라스를 낀 남자, 표정도 밝고 여유로웠다. 보통 사람 이상의 체구에 어깨마저 넓고 목소리도 우렁찼다.

여행지에 가면 가이드와 버스 운행 기사가 따로 있다. 그런데 섬 동네에서는 그 혼자서 모든 걸 다하는 전문 여행 가이드였다. 안개로 인해 네 시간 넘게 기다렸다가 네 시간을 배 타고 도착한 섬에서 만난 가이드는 매직으로 쓴 안내판을 들고 우리 일행을 환영했다.

하루 일정 중 네 시간이나 흘러갔지만, 그는 개의치 않았다. 그런 일이 섬에서 자주 있는 일이라는 걸 나중에 알 수 있었다. 버스에 타자마자 간단한 본인 소개를 하고 먼저 노래를 틀어 고객을 신나게 했다. 운전 중에 설명도 멋들어지게 하는 프로의 모습이 신기하기까지 했다.

그는 마술을 좋아한단다. 하지만 섬 동네에서 가이드로 살아가는 건 아이러니하지 않은가. 군대에서 운전병으로 제대하고 보니 버스 면허증을 줬단다. 직업을 찾다가 우연히 이 일을 하게 되었는데 즐겁다고 했다. 섬에는 젊은 아가씨가 없어 결혼을 못 하고 있단다. 신붓감을 구할 수 없다니 안타깝기도 했다. 그곳에는 토박이 노인과 군인이 대부분이라고 한다.

그는 섬 동네 곳곳을 실감나게 설명하며 특산물 설명도 빠뜨리지 않았다. 자연적으로 고객이 상품을 믿고 구매할 수 있도록 설득력이 있었다. 곳곳에 많은 해당화 이야기를 하더니 '해당화' 노래를 들려 주기도 했다. 여행객의 감성을 빨리 파악하는 것 같았다.

늦은 저녁 식사 시간인데도 일행 중 한 부부가 건강상 이유로 우리가 택한 식사 메뉴를 먹을 수 없다고 하자, 그가 숙소까지 왕복 사십 분 거리를 먼저 태워다 주었다. 일반적으로 근처 다른 식당에서 저녁 먹을 수 있게 한 후 함께 움직이는 게 상례다. 하지만 저녁 식사도 함께하지 않고 고객을 먼저 배려하는 모습에 우린 감탄했다. 그의 진심이 느껴졌기 때문이다.

식사 전 두무진 전망대까지 갔다 돌아오는 시간이 거의 사십

분 넘게 걸렸다. 돌아오는 길은 캄캄하고 어두운 시간인데도 그 날 늦은 일정을 마다하지 않고 진행했다. 해넘이를 볼 수 있었으니 또 한 번 여행객의 감성을 쥐락펴락하는 그의 말솜씨에 술렁이는 바닷물처럼 우리도 도취되었다.

관광지 곳곳에서도 넉넉하게 시간을 주어서 일행은 편안한 여행을 할 수 있었다. 그의 여유로움에 우리도 함께 즐거웠다. 마지막으로 마술을 선사하며 해외 여행지에서 팁은 있지만 한국에 없다고 마술의 목걸이를 호기심으로 갖고 싶게 했다. 여행객들은 목걸이 하나씩을 사고선 너도나도 마술사가 된 듯 이곳저곳에서 묘한 마술을 하고 있었다. 모두 감사의 마음이었을 것이다.

다음 날 아침, "새벽종이 울리네. 새 아침이 밝았네." 노래로 우리를 깨웠다. 백령도 김 반장의 재치 있는 센스는 또 다른 하루를 한껏 기대하게 했다.

(2024. 6.)

# 봄은 멀지 않으리

**코가 시큰해질** 정도로 차가운 공기가 폐 속으로 들어왔다. 얼굴에 닿는 공기가 차가웠다. 아침부터 꽁꽁 싸매고 안산 자락길을 향하는 중이었다. 마음이 뒤숭숭하고 헛헛할 때면 찾는 곳이다.

Y대학의 정문을 통과해서 교정 끝으로 이어지는 길이다. 백양로의 나무들은 앙상하고 학생들은 논술고사 준비로 바쁘게 오가고 있었다. 휴일의 모습이 활기찼다.

학교를 벗어나면서 문득, 8년 전 1월 회사 동료들과 한라산 등반을 갔던 때가 생각났다. 9시에 성판악 입구에서 시작해 하산하기까지 거의 9시간을 산행했다. 거기도 정상 가까운 곳은 눈 속이라 발이 푹푹 빠졌다. 쉬어가며 걸었지만, 나는 선발대를 따라

가지 못하고 뒤처졌다. 매달 한 번씩은 산에 오르는 이들과 달리 나는 계절이 바뀔 때나 겨우 한두 번 산에 오르기 때문일 것이다. 그래도 끝까지 걸었는데, 정상을 이삼백 미터 남겨 놓은 지점에선 걸음이 떼어지지 않았다. 동료 언니가 이끌어 주어 겨우 정상까지 올랐다. 선발대는 벌써 올라가 우리를 기다리고 있었다.

정상으로 가는 눈부신 설원이 새하얗게 빛났다. 함성을 질렀다. 중간중간의 힘든 고통을 참고 끝까지 오르니 부푼 가슴은 환희로 넘쳤다. 대학 시절 수학여행 후 두 번째로 한라산을 오른 셈이었다. 그때와는 체력이 매우 달랐으니, 힘도 더 들었다. 그러니 잊을 수 없다.

안산 자락길은 데크로 잘 정비되어 있다. 응달진 곳엔 단풍이 남아있었지만, 메타세쿼이아 숲은 앙상한 가지만 남아 그 사이로 햇살이 빛나고 있었다. 걷다 보니 호흡이 거칠어지고 등에는 땀이 흠뻑 배어 옷을 한 겹씩 벗기도 했다. 아침에 집을 나설 때와는 다르다. 운동을 하면 이렇게 땀이 흐르는데 그런 활동을 게을리하다 보니 자꾸 체중이 증가하고 있어 걱정이다.

빨간 산수유 열매가 나뭇가지에 매달린 채 눈길을 끌게 했다. 자목련 꽃눈이 벌써부터 뾰족이 내밀고, 양지바른 곳 발밑에는 새싹이 움트고 있었다. 이제 겨울의 끝이 보이는 듯했다. 그 매섭던 날씨 속에서도 새싹과 꽃눈이 움튼 걸 보니 봄이 오고 있는 게 아닌가. 다시 가슴을 활짝 펴고 걸었다.

희망이 있으면 봄은 멀지 않으리.

(2025. 2.)

# 5부
# 나의 길

# 교생 실습

**스승의 날이었다.** 카네이션 화분을 사 들고 수필 공부를 하러 학교로 향했다. 아까시 꽃향기를 맡으며 교생 실습을 했던 젊은 날이 생각났다.

고향에 있는 막내 오빠 모교인 H 고교에서 교생 실습을 하고 싶었다. 그러기 위해서는 미리 학교장의 추천을 받아야 했다. 그런데 깐깐한 젊은 교장 선생님은 여자 교생을 실습생으로 받지 않는다고 했다. 지금으로선 상상도 못 할 일이다. 나는 꼭 그 학교에서 교생 실습을 하고 싶어서 고향의 아버지께 추천서를 맡기고 돌아왔다. 일주일 뒤, 아버지의 편지와 함께 고대했던 승인서가 왔다. 뛸 듯이 기뻤다.

지도교수님은 남자 학교에 실습 나가는 내가 은근히 걱정되었는지 "박 선생, 잘할 수 있겠나? 힘들어도 울지는 말고." 하셨다. 친구들도 매주 편지로 소식을 전해오며 용기를 주었다.

  학교는 울산의 명문고였다. 나의 중학교 남자 동기생들이 그 학교에 다니는 것을 많이 부러워했다. 다른 친구들은 단체로 실습을 나가서 동기 실습생이 있었지만 나는 혼자였다. 함께 이야기를 나눌 친구가 없다 보니 오직 교무실과 교실에서만 생활할 수 있었다. 하지만 내가 맡은 반 담임은 옆에서 도와주는 교생이 있으므로 다른 선생님들의 부러움을 사기도 했다. 담임은 고맙다고 하면서 칭찬도 해 주셨다. 옆에서 학습 준비나 다른 일들을 도와드리니 그럴 만도 했다.

  연구수업을 할 때였다. 흑판에다 전지에 그린 학습안을 걸어두고 수업을 진행했다. 밤샘하며 준비 작업을 했고, 가르치는 게 즐거웠다. 학생들은 누구 하나 엎드려서 자거나 졸지도 않았다. 수많은 눈동자가 집중되어서 팽팽한 긴장 속에 연구수업을 마쳤다. 뒤에서 지켜보던 선생님들이 큰 박수를 보내 주었다. 덕분에 실습 점수는 최고 점수를 받을 수 있었다.

  대학에 입학해서 처음엔 인문대학 어문 계열에서 공부했고, 그 이듬해 불어불문학과로 전공을 택했다. 국문학과에 갈까 하는 생각도 했지만, 당시엔 불문과에 대한 호기심이 더 강했다. 전공 수업을 받으면서 교직과목도 이수하여 불어 2급 정교사 자격증을 받았다. 기대 반 호기심 반으로 아버지의 기대에 어긋나지 않는 대학 생활을 보낸 것 같다.

  스승의 날 행사는 인상적이었다. 출근길엔 교문에서 학생들이 카네이션을 가슴에 달아 주었다. 그리고 점심은 총동창회에서 교내 식당에 맛난 음식을 마련했고, 수업이 끝나고는 어머니회에서 저녁을 대접해 주었다. 그러고도 모자랐을까. 토요일엔 관광버스를 전세 내어 강가에 나가서 고기도 구워 먹기도 했다. 잘 챙겨 주고 싶은 그분들의 마음 씀씀이가 고마웠다.

  중학생 시절, 담임선생님께서 십 년 후의 꿈을 말해보라고 했다. 교단에서 아이들을 가르치며 따뜻한 마음으로 함께하는 교사가 되고 싶다고 얘기했다. 그런 꿈이 나에게 교직과목을 이수하게 했고, 교생 실습의 기회도 주어졌다. 그것도 고향의 명문고에서 교생 실습을 했으니 더 자랑스럽고 보람도 있었다. 얼마나 교단에 서고 싶었던가. 어설펐지만 아주 친근한 사투리로 웃음을 자아내기도 했다. 학생들에게 나의 첫인상이 어떠했냐고 물었더니 너무 순진하고 착해 보인다고 했다. 교장 선생님이 염려했던 문제 여자 교생은 되지 않았으니 다행이었다. 지금도 그때의 열정적인 내 모습이 떠올라 감회가 새롭다.

  한 달에 걸친 교생 실습 동안 학생들과 정도 많이 들었다. 마지막 날엔 반 학생들이 커다란 전지에 한 마디씩 소감을 적어서 내게 내밀었다. 나는 노래 솜씨는 없었지만, 기꺼이 조동진의 〈행복한 사람〉을 부르며 감사의 마음을 전했다.

오랫동안 기억에 남아 있는 고마운 선생님들을 다시 한번 생각해 본다. 활기차고 듬직했던 학생들도 그때의 불어 교생을 기억할까.

(2018. 5.)

# 깜빡하는 내 정신

**알람이 울리면**, 먼저 딸아이 아침 운동 가는 것을 챙기고, 아들을 깨우고 식사 준비를 한다. 조금도 지체할 수가 없다. 아들은 아침 먹을 시간이 없어서 과일 주스와 홍삼만 준다. 남편은 방학 자율학습 하는 딸아이를 차에 태워서 등교시키고 출근한다.

세 사람이 모두 나가고 나면 방마다 다니며 전기 스위치를 확인하고, 코드를 뽑는다. 한참 뒷정리를 한 후 설거지를 하면서 남은 곰국이 있으면 다시 끓이기 시작한다. 그러다 전화라도 받으면 그 사실을 잊고 한참 동안 수다를 떤다. 될 수 있는 한, 아침 시간의 통화는 짧게 하지만 길어질 때도 있다. 아뿔싸, 이미 곰국의 국물은 거의 바닥이 나고 탈 지경이 되었다. 될 수 있으면 부엌의 일이 끝나지 않으면 자리를 비우지 말아야지 하면서도 깜빡 잊을 때가 한두 번이 아니다.

한 번은 아침에 커피 물을 가스에 올려놓고 인터넷 자료를 검색하다 깜빡 잊었다. 구매한 지 며칠 되지 않은 양은 냄비 뚜껑의 검은 손잡이가 녹아 버렸다. 이미 물은 졸아서 냄비 바닥이 검게 된 상태였지만 천만다행이었나. 가스 감지기도 고장이 났는데 불이라도 났으면 어쩔 뻔했을까.

언제부턴가 정신이 깜빡할 때가 많다. 수필 수업 있는 날, 종이 가방이 약간 찢긴 것 같아 다른 가방으로 바꾸어서 나온다는 것이 그냥 급히 들고 나왔다. 그날따라 아침에 딸아이 학교까지 들르느라 바빴기 때문이다. 전철을 타고 종이봉투가 무거운 것 같아 선반에 올렸더니 속에 있는 내용물이 삐죽거리며 나오질 않는가. 당황하여 봉투를 내리니 앞에 앉아있던 아주머니가 콩나물을 담은 검은 봉지 하나를 비워서 내밀며 옮겨 담으라는 것이었다. 고맙다며 덥석 받아 종이봉투 채로 집어넣었다. 모양새가 우스워도 할 수 없었다. 체면 차릴 상황도 아니었다.

어느 날엔 아침에 끓여 놓은 누룽지가 상할까 봐 퇴근하고 돌아와서 다시 끓이려고 가스 불을 켜 놓고는 잊고 있었다. 소파에 누워서 잠이 들었던 모양이다. 눈을 뜨는 순간 누구 집에서 누룽지를 끓이나 하고 벌떡 일어나 두리번거리다가 부엌으로 갔더니 연기가 나고 있었다. 누룽지는 새카맣고 밭솥까지 타 버렸다. 하마터면 큰일 날 뻔한 일이다. 창문을 모두 열어 환기하고 식구들한테는 얘기하지 않았다. 이런 일들이 올해 들어 부쩍 늘었다.

요즘엔 나이와 무관하게 사람들이 잘 잊어버리고 바삐 살아가는 듯하다. 내가 일하는 대형 마트에서 어떤 손님은 계산을 급히 하고는 상품은 그냥 두고 가버린다. 그것보다 더 급한 일이 있는 모양이다. 일상에서 어디엔가 쫓기다 보니 그러한 현상이 일어나는 것 같다. 한 템포 늦게 생각하고 행동한다면 그런 일이 발생하지 않을 텐데, 우리나라 사람들의 급한 성격 탓도 무시할 수 없다. 나만의 문제가 아니다. 모두 바쁘게 사느라 정신 줄을 놓고 사는 모양이다.

인터넷이나 스마트폰에 집중하며 시간을 보내는 사람들이 많다. 전철이나 길에서 대부분 인터넷을 검색하거나 핸드폰으로 메시지를 전달하며 살아가고 있다. 그러다 보니 정서가 메말라지고, 삭막해지면서 단순해지고 생각 없이 행동하는 것 같다. 한 걸음 뒤처지더라도 바르게 걷고 싶다. 조급증을 버리고 좌우도 살피며, 계절이 바뀌는 것도 보고 느끼면서, 천천히 주위를 돌아보며 살아가고 싶다.

우선은 깜빡하는 내 정신을 붙들어야 할텐데….

(2011. 8.)

# 새로운 길

**최근에, 나는** 지금 뭘 하고 사는 걸까 생각하며 심한 마음의 감기를 앓고 있었다. '나눔지기'에 응모한 것도 그 무렵이었다. 나눔지기는 장애인 직업생활에 도움을 주려는 상담원이다. 이마트와 한국장애인고용공단의 협력으로 상담원 양성 과정 연수가 있어 이박 삼일의 일정으로 참석하게 되었다.

중학교 시절, 담임선생님이 십 년 후의 자화상을 써보라고 했을 때 나는 선생님이 되어 교단에 서 있을 것이라고 쓴 적이 있다. 그 꿈을 꿈으로 남겨 둔 채 오늘의 나는 이마트에서 십여 년의 세월을 보내고 있다. 나의 꿈과는 다른 길로 가고 있지만 그 어떤 길에도 예쁜 꽃과 가시넝쿨이 있다는 것을 알기에 후회하지는 않는다.

오빠의 권유에 못 이겨 실업계 고교로 진학을 하고 대학에서도 내 꿈과 거리가 먼 전공을 하게 되었으니 꿈과 현실의 길은 너무 먼 길이었나 보다. 대학을 졸업하고 오늘까지 일하는 엄마로 살면서 농협에서 수년간 근무를 하였다. 그곳에서만 볼 수 있는 사회를 보았고 수많은 것들을 경험했다.

 형제 중에 가장 명석해서 온 가족의 기대와 희망이던 막내 오빠가 뇌출혈로 쓰러졌다. 회사의 과중한 업무 탓인 것 같아 가족들의 마음이 몹시 아팠지만, 현실을 받아들일 수밖에 없었다. 오랜 세월에 걸친 치료와 재활치료마저 무색하게 오빠는 장애인으로 살고 있다. 그 충격으로 딸을 낳은 지 며칠 되지 않았던 나도 모유가 나오지 않아 아기에게 수유조차 할 수 없었다. 하지만 가족의 슬픔이 아무리 크다 해도 본인의 아픔에 비할 수 없을 것이다. 그것은 아직도 끝나지 않았다. 오빠는 다니던 회사에서 자동으로 퇴사하게 되었고, 현재는 산재로 나오는 약간의 생활보조금 정도를 받고 있다. 그나마 지금은 환경업체에 장애인으로 취업해서 적응하며 일하고 있다.

 오빠만으로도 가슴이 아픈데 엄마마저 쓰러지셔서 좌측 수족이 마비되고 언어마저 어눌하게 되었다. 집안에 장애인이 둘이나 생겼으니 엎친 데 덮친 격이었다. 동생인 내 마음이 이럴진대 오빠의 불행한 모습을 바라보는 엄마의 심정이야 말해 무엇하

랴. 그렇게 오빠의 비극은 우리 가족 모두의 비극이 되었고, 엄마는 장애인이 된 오빠를 남겨 둔 채 저세상으로 떠나셨다. 이십여 년의 세월을 장애인으로 살다 가신 엄마는 하늘에서도 오빠 생각에 편하지 못하실 것이다. 이런 엄청난 슬픔을 겪으면서 어느 장애인에게도 쓰라린 과거가 있음을 생각하지 않을 수 없었다. 그 아픔을 너무나 잘 아는 내가 나눔지기에 지원한 것은 고향집의 대문을 열고 들어서는 것과도 같은 일이었다.

장애인 대부분은 후천적으로 발생하는 경우가 많다고 한다. 오늘의 정상인이 내일의 장애인이 될 수 있음에도 사람들은 아직도 장애인에 대한 편견이 있다. 선진국 대열에 섰다는 우리나라의 의식 수준 또한 그 대열에 들어선 것인지 아쉽기만 하다.

전국의 각 점포에서 선발된 사람들이 하나의 목표를 향해 함께 교육받는 모습은 열정으로 가득했다. 연일 폭염으로 푹푹 찌는 날씨에도 불구하고 교육장은 활기가 넘쳤다. 대부분 자발적으로 신청한 지원자들이라서 교육에 임하는 태도도 남달랐다. 다양한 역할극을 해 보고 팀원 간 토론을 하며 팀원 전체의 공통된 의견을 모아 발표했다. 내가 미처 몰랐던 장애인에 대한 세세한 면면을 볼 수 있는 안목이 생겼다. 또한 이번 연수 교육에서 장애인 직업생활 상담원의 필요성과 역할 등 장애인 지원 활동들을 공부할 수 있었다. 이런 교육이 장애인에 대한 편견을 깰 좋은 기회가 되었으면 하는 바람이다.

  각 점포의 나눔지기는 장애우 근로자와의 상담을 통해 그들이 직장에서 자리 잡고 스스로 생활을 할 수 있도록 지원하는 역할을 하게 된다. 이렇게 함으로써 회사는 장애인 고용부담금을 줄일 수 있고, 장애인고용공단은 그들이 계속 일을 할 수 있어, 상생할 수 있는 길이 열릴 것이다. 이러한 일련의 일들로 그들의 삶이 더 나아질 것으로 생각하니 내 마음도 동트는 아침 햇살을 보는 듯하다.

  교단 위에 선 선생님만이 선생이라고 생각하지 않는다. 이번 교육은 나에게도 또 다른 인생을 살게 해 줄 것 같아 나의 심장은 새롭게 뛴다. 나는 그들의 가까운 곳에서 엄마처럼 누나, 언니처럼 때로는 선생님처럼 그들과 함께 애환을 나누고 있는 모습을 그려 본다.

  장애인으로 살고 있는 오빠를 보듯, 장애인으로 살다 가신 엄마를 만나듯 그들과 함께할 것이다. 아직 가보지 않은 낯선 길 앞에 서 있다. 그 길이 향기로운 꽃길이라고는 생각하지 않는다. 고달프고 외로운 길일지라도 나는 길잡이가 되어 준 회사의 뜻을 새기면서 열심히 갈 것이다.

(2017. 9.)

# 어떠하리

**할 일이 많았다.** 일단 청소부터 해야 했다. 남편이 공로 연수 기간이라 해외여행을 떠난 지 보름이나 되다 보니 청소는 온전히 내 몫이었다. 거실, 부엌, 안방 등 청소기를 돌리고 물걸레질까지 하고 나니 온몸에 땀이 줄줄 흘렀다.

언제부터인지 청소는 남편이 많이 했다. 오늘은 나 혼자 청소를 다 하려니 힘들었다. 잘 다녀오라고 하긴 했지만, 하필 이럴 때 여행 가다니…. 원망스러운 마음도 들었다. 오전 내내 청소하고 세탁기 돌리는 일을 하느라 시간이 많이 흘렀다.

간단히 점심을 먹고 추석 차례상 준비를 했다. 다행히 이번엔 시동생 가족들은 가까운 산소를 찾아 차례를 지내기로 해서 음식은 조금만 준비하면 되었다. 딸도 음식은 간단히 준비하자고 했다. 그래서 여유가 있어 아들딸과 영화를 보고 저녁도 먹기로 했다. 필요한 음식만 준비하면 되니 마음이 편했다. 나물을 다듬고, 데치고, 볶아 두고 부침개는 추석날 새벽에 부치기로 했다.

집을 나서는데 비가 쏟아졌다. 그래도 아이들과 함께라서 좋았다. 타임스퀘어 CGV엔 사람들로 북적북적했다. 젊은층이 많았지만, 더러는 중년의 사람들도 보였다. 추석 전날인데 사람들이 북적거리는 게 낯설었다. 어, 고향에 안 갔나. 송편 안 먹어. 전도 안 부치나 보네! 왠지 고개가 갸웃거려졌다. 명절 풍습이 많이 달라지나 보다. 구운 오징어랑 음료를 한 잔씩 사 들고 〈유열의 음악 앨범〉 영화를 봤다. 젊은 날의 추억을 불러오는 것 같아서 재미있었다.

저녁 먹으러 식당을 찾았는데 그곳 또한 기다리는 줄이 대단했다. 마침내 우리 차례가 되어 식탁에 앉고서야 핸드폰을 확인했다. 남편한테서 카톡이 와 있었다.

"추석맞이 준비하느라 고생 많지? 함께하지 못해 미안해. 추석 잘 지내고…."

'우리도 영화 보러 왔는데….' 카톡을 본 순간 여러 생각이 들었다. 그동안 자주 카톡도 못 하고 지냈는데 내심 미안하기도 했다. 올해 정년과 회갑이 겹쳐 그간 수고한 공로로 연수 겸 간 여행이라 재미있게 다녀오라고 얘기했지만, 마음은 내내 불편했다. 딸애의 진학 문제도 매듭이 나지 않은 것도 있어 더욱 그랬다. 한편으로는, 즐겁게 여행 잘하라고 신경 쓰이는 건 될 수 있는 대로 미뤄두고 돌아오면 얘기할 참이었다. 몇 년 전 남편이 독일 여행 중일 때 급한 일로 연락한 일이 있었다. 남편은 그 일로 신경을 쓰느라 요로결석이 발병하여 급히 되돌아온 적이 있었기 때문이다.

  고유 명절이 퇴색되어 간다. 명절이면 인천 공항이 여행 인파로 신기록을 세운단다. 세월이 흐를수록 명절에 여행 가는 사람들이 늘어나는 것 같았다. 하긴 남편도 여행 가고, 우리는 영화관에 있었으니…. 어쩌면 명절에 누리던 고유 풍습이 사라지는 건 아닐까.

  이런들 어떠하리 저런들 어떠하리. 시대의 흐름이니 따를 수밖에.

(2019. 9.)

# 마트의 꽃

**계산을 마친** 첫 고객이 사탕 하나를 건네며 빙긋이 웃는다.
"애쓰셨습니다. 즐거운 하루 보내세요."
"네. 감사합니다. 고객님도 좋은 하루 보내십시오."
계산대를 빠져나가는 고객을 향해 인사를 건네는 내 입가에도 미소가 번진다.
우연히 신문 전단에 이마트 사원 모집 광고를 보고 지원서를 제출했더니 덜컥 합격이 되어 2007년 10월 3일에 입사했다. 처음엔 다른 직업을 찾기 전에 잠시 거쳐 갈 생각이었다. 그런데 아직도 이마트에서 근무하고 있다. 내가 학교에 다닐 때는 수학을 무척 좋아하다 보니 수학 선생님까지 좋아했었다. 그렇지만 그건 공부였고, 캐셔로 일하는 것이 현실이다. 아이러니하게도 나는 계산하고 따지는 걸 그다지 좋아하지 않는 편이다.

  캐셔는 서비스업에 종사하는 정신적 육체적인 노동자다. 거기에 하나 더해 감정 노동자다. 근무 시간에 이탈할 수 없고, 신속 정확 친절하게 고객을 응대해야 하며, 계산할 때는 정신을 집중해야 한다. 그날의 행사 내용과 자주 업데이트되는 업무 등을 숙지해야만 빠르면서도 정확하게 계산할 수 있다. '마트의 꽃'이라 할 정도로 계산대의 최접점에서 캐셔의 역할과 태도는 매우 중요하다. 그래야만 고객이 마트를 다시 찾아올 수 있다.

  최근 셀프계산대가 설치되었다. 그 후 캐셔가 결원이 생겨도 자리를 메꾸지 않는다. 고객의 신속한 계산과 편의성을 위함이란다. 하지만 한 사람이 셀프계산대 여섯 개를 관리하니, 바쁜 주말엔 호출하는 고객이 많아 더 힘들다.

"여기요!"

"고객님, 뭐가 문제인가요?"

"기계가 고장이 났는지 계속 창이 떠서 안 돼요."

"네. 이 고객님 다 끝나가니 잠시만요!"

도와주고 있던 고객의 계산을 마치자마자 부랴부랴 뛰어가 보면 상품을 스캔하지 않고 포장대에 넘겨 제대로 안 되고 있었다.

"제가 찍었을 때 분명 소리가 났단 말이에요."

"아, 그러시면 화면에 상품이 찍혔는지 확인하고 포장대로 넘기면 돼요."

내심 화가 나기는 했지만 내색하지 않고 차근차근 설명한다. 감정 노동자의 현실이다.

또 여기저기에서 호출이다. 기계가 제대로 안 된다는 둥, 포인트를 사용하려는데 어떻게 해야 하냐는 둥, 이유도 제각각이다. 기계는 터치하면 움직일 뿐인데 처음 대하는 고객들은 어렵고 어색하다. 창이 뜰 때마다 선택하고 다음 단계로 넘겨야 하는데 할 때마다 헷갈린단다. 그러니 시간이 더 걸릴 수밖에…. 그래도 어쩌랴. 일반 계산대가 부족한데 말이다.

꼼수처럼 보인다. 계산대의 인력을 줄여 타 부서의 빈자리에 배치하면 인건비가 절약되기 때문이 아닐까. 회사는 셀프계산대를 '스피드계산대'라 칭하면서 신속함과 편리함을 내세운다. 거기에 더해 "고객의 안전한 쇼핑을 위해 CCTV가 녹화 중입니다."라고 녹음된 음성이 들린다. 상품의 로스를 예방하기 위함이 숨어 있는데…. 어쩌다 고객들은 계산이 빠르고 잘되면 신기해하면서도 캐셔의 일자리를 염려해 주기까지 한다. 캐셔도 마찬가지로 본연의 업무가 없어질까 걱정이다.

일부 고객들은 일반 계산대를 선호한다. 그들은 여태껏 해왔던 것에 익숙해 있고 사람이 직접 계산해야 신속하고도 확실하다고 생각한다. 또한 고객은 대면 업무라 놓칠 뻔했던 행사 정보까지 알 수 있어 더할 수 없이 좋단다.

어느 날 금자 씨를 닮은 고객한테 쫓아가 인사를 했더니 내 친구가 아니었다. 그 순간 멋쩍어했지만, 지금은 그 고객과 인생 선배 같은 관계가 되었다. 계산할 때마다 굳이 나를 찾아오기까지 한다. 그것도 인연이라 고맙기만 하다.

어떤 고객은 계산하는데 내 말씨가 불친절하다며 사투리를 고치라고 한 적이 있다. 오십 년 넘게 사용한 사투리를 어떻게 하루아침에 고칠 수 있단 말인지 어이가 없긴 했다. 고객이 잘 안 들린다고 해서 큰 소리로 말했던 건데 그게 화난 것처럼 들렸나 보다. 내 설명 끝에야 고객도 오해했다면서 그 후로는 '최우수 캐셔'라고 칭찬하며 꼭 나한테 찾아와 계산한다. 그렇듯 여러 고객을 대하다 보니 내가 마음을 다할 때 고객도 감동하고 고마움을 표현한다는 걸 알게 되었다.

정년퇴직을 앞두고 일터로 나서는 발걸음이 가볍기도 하지만 아쉬운 마음이 더 크다. 그동안 이마트가 내게 휴일을 안겨주어 자기 계발과 취미활동에 활력소가 돼주었고, 허파 역할을 해 주었기 때문이다. 힘들 때마다 따뜻한 동료들의 응원과 가족 같은 사랑의 힘으로 즐거운 삶을 선물 받은 듯하다.

갈수록 기계가 대체되는 세상에 고객은 소통을 원하고 있다.

기계는 인간의 감정을 다독여 줄 수 없다. 시대를 거스를 수는 없지만, 유통의 변화로 '마트의 꽃'이 사라져가니 내심 씁쓸하다.

(2023. 9.)

# 도전, 시낭송

**몇 개씩이나** 수강하냐고 남편이 못마땅해한다. 뭐든 때가 있다고, 마음 내킬 때 하고 싶다고 큰소리를 쳤다. 시를 쓰는 게 어려워 시낭송을 배우고 있다. 강사는 오랜 경력의 시인이고 시 낭송 전문가이다.

마침, 문화학교에 올해부터 강좌가 개설되었다. 수강 등록 후 반쯤 지났으나 가는 날만큼은 열심히 공부하고자 마음을 다잡았다. 시낭송은 시를 온몸으로 이해하고 '제2의 창작'인 만큼 감정을 집중해야 한다. 이론과 병행하면서 낭송에 더 집중한다. 목소리, 태도 내용의 정확성 등을 체크하며 반복 암송을 한다.

지역문화예술총연합회 내 국악협회와 서예협회에서 주말에 큰 행사를 했었다. 문화학교 수강반 중 시낭송반 회원 초청행사도 재능기부로 하게 되었는데 나도 추천을 받았다. 몇 명이 연습하며 선생님이 점검했다. 암송을 해도 연단 앞에 서면 까먹었다. 꼭 참가하고 싶으면 다 외워서 다음날 심사 받으러 OO 카페에서 만나자며 수업을 끝냈다.

오기가 생겼다. 날씨는 매일 폭염의 연속이었다. 실내에서는 마음대로 연습할 수가 없어 근처 공원에 가서 땀을 흘리며 낭송 연습을 했다. 낭송 전문가의 동영상을 수없이 들으며 따라해 보았다. 제법 흥얼거릴 정도로 연습이 되었다. 다음 날 삼십 분 먼저 가서 회원들 앞에서 낭송 연습을 하고 선생님께 다시 한번 심사받고는 통과되었다.

딸내미도 공연을 관람하고 싶다고 했다. 처음으로 하는 엄마의 시낭송을 동영상으로 담아보고 싶다고 했다. 관객 앞에서는 실수 없이 더 잘해야 했으니 긴장되었다. 마이크는 45도로 하고 시선은 앞으로 보며 자연스럽게 하라는 선생님의 목소리가 들리는 듯했다. 하지만 끝나고 동영상을 보니 관객은 안 보고 음악 소리가 들리는 쪽으로 시선을 두고 있었다. 그래도 딸아이는 "엄마 목소리는 좋았어."라며 격려해 주었다.

나중에 선생님도 내 열정을 칭찬해 주셨다. 시작하면 꾸준하게 하는 태도가 중요한 것 같다. 목소리가 약간 허스키해서 걱정했는데 무사히 마무리해서 기분이 좋았다. 몇몇 회원도 함께 참

여하고 감상해 줘서 고마웠다. 내 내면에 깔린 도전 의식이 용기를 북돋우기도 했다.
 딸이 담아온 시낭송 동영상을 보며 피드백을 해 본다. 목소리와 감정을 더 풍부하게 표현해야겠다. 그래도 첫 시낭송 도전에 나를 토닥인다.

(2024. 8.)

## 나만의 공간

**나만의 독립된** 공간을 갖고 싶었다. 이사를 하고 거실의 책장을 안방으로 옮겼지만, 남편이 잠잘 때는 맘대로 불을 켤 수 없어 화장대 앞 테이블 공간을 가림막으로 가렸다. 조금은 독립된 나의 공간이라 여겼다.

딸이 취업하면서 방을 구해 독립했다. 딸의 빈방을 내 공간으로 사용하기로 했다. 자다가도 수시로 일어나 맘대로 책도 읽을 수 있어 좋았다. 테이블에 노트북도 두고 나의 놀이터처럼 지낸다. 동향이라 제일 먼저 아침이 찾아온다. 붉은 태양이 떠오르는 일출을 감상하기도 하고 새벽에 일어나 블로그 글도 찾아 읽으며 일상을 기록한다.

마음은 항상 글을 쓰고 싶었지만, 번다한 일상으로 생각이 머리에 꽉 차 있었다. 모든 걸 비우기로 했다. 그러던 중 한 문우가 미션을 안겨줬다. 주 1회 인상 깊은 일 등을 한 편이라도 블로그에 글로 적어 보라고 했다.

　6개월을 한 주도 거르지 않고 내 의지를 이어왔다. 딸에게도 자랑했다. 딸이 남긴 방에서 엄마가 공간 활용을 하고 있으니 잘 됐다며 나를 응원해 줬다. 그렇게 모아둔 글을 씨앗 삼아 작품으로 완성해 보기도 했다.

　구석구석엔 책이 쌓여 있다. 한 달이 멀다 않고 쌓이는 월간 문예지, 계간지, 그 외에 읽고 있는 책들이 침대맡이나 책상 위에서 키재기를 한다. 침대에서 눈을 뜨면 벽시계가 보인다. 일어나 시계가 고장인가 싶어 핸드폰과 확인해 보면 틀리지 않았다. 새벽 2시 전후로 잠이 깬다. 다시 잠을 청하기 위해 책을 들어보지만, 글씨가 희뿌옇게 보인다. 그러면 노트를 꺼내 일기를 써보기도 한다. 작지만 나만의 세상, 무엇을 해도 좋다.

　머리맡엔 고양이 자동 급식기가 있어 새벽에 알람처럼 딸아이의 음성이 나온다. "밥 먹자, 코이야." 하는 딸애의 목소리를 들으면서 하루를 시작할 수 있어 좋으니 금상첨화 아닌가.

　형편없이 어질러진 방이지만 마치 내 몸처럼 이곳저곳을 단장하고 싶어진다. 아침저녁으로 글을 단장하는 곳으로….

(2024. 1.)

# 목련처럼

**목련은 학교나** 오래된 한옥의 정원이나 아파트 화단, 공원, 사찰 등 어디서나 볼 수 있다. 목련은 1월부터 털에 싸인 꽃봉오리를 준비한다. 아니 겨울부터 준비하는지도 모른다.

봄이 되면 나는 꽃 사진을 즐겨 찍는다. 생명에 대한 신비함과 아름다움을 느낄 수 있어 더 가까이서 관찰하게 된다. 올해는 여러 종류의 목련을 볼 수 있었다. 흰색, 상아색, 연분홍색, 자주색 등 다양했다.

꽃샘추위가 가시지 않은 봄날, 식물원 언덕에서 목련을 발견하자 반가워서 카메라에 담기 시작했다. 사진을 찍는 동안에도 벌름벌름 꽃잎을 펼치려는 듯했다. 강보에 싸인 듯한 아기처럼 몸을 웅크리고 있는 모습이 신기하면서 특별히 인상적이었다. 세상에 나오면서 얼마나 눈이 부셨을까. 맨몸이라 수줍어하며 얼굴을 콕 박고 있는 게 진짜 아기 속살 같은 모습이었다. 목련의 꽃말이 고귀함이라는데 아기가 얼마나 소중하고 사랑스러운가.

  하늘이 눈부시게 푸른 날 목련의 꽃봉오리는 목화솜처럼 보였다. 나의 결혼을 위해 이불을 장만할 때 엄마는 목화솜을 넣은 이불을 마련했다. 따뜻하고 포근함으로 예쁜 사랑으로 살기를 바랐으리라. 한동안 너무 두툼해서 덮지 않다가 목화솜을 틀어 이불을 두 개로 만들어서 오랫동안 덮어왔다. 엄마의 따뜻한 사랑을 기억하고 싶어서다.

  나는 활짝 피기 전 아가 같은 모습이 사랑스럽고 더 예쁘다.

  목련의 향기는 진하지 않다. 은은하면서도 다소곳한 자태가 사람의 시선을 모으게 한다. 나도 그런 향기를 내고 싶다. 진하지도 않은 조용히 소리 없이 스며들 수 있는 은은함 말이다. 그러려면 마음을 단장丹粧하려고 애써봐야지.

  오늘도 목련처럼 되고파서 거울을 보다가 그만 얼굴을 붉히고 만다. 은은한 향기와 내면을 우아하게 가꾸고 있냐고 거울 속의 내가 묻는다.

(2024. 8.)

# 먹빛 머그잔

분주한 일상 중에 나를 찾고 싶을 때는 차를 우리곤 한다.
얼마 전, 먹빛 머그잔을 선물 받았다. 받침을 충전할 수 있어 차의 온기를 오래도록 유지해 준다. 글을 쓰는 나에게 어울릴 것 같다며 가까운 후배가 웃으며 퇴직 선물로 안겨줬다. 부드러운 곡선에 손잡이가 있는 잔에는 거름망도 있어, 손쉽게 차를 우릴 수 있다.

물을 많이 마셔야 한다는 건 알지만, 이상하게 물을 잘 찾지는 않는다. 물이나 음료를 즐겨 마시지도 않고, 조금만 마셔도 배가 부르기 때문이다. 여럿이 모여 차를 마실 때도 내가 들고 있는 잔은 늘 반쯤 남아있다. 그런데 이 머그잔을 사용하면 달라진다. 집에서 이 잔에 우려낸 차는 언제나 다 비운다. 온기가 오래도록 머물러 있기 때문이리라.

나도 온기가 있는 사람이 되고 싶었다. 말없이 주위에 따스한 영향력을 전하는 사람, 곁에 있는 것만으로 안도감을 주는 사람이 되면 좋겠다. 그런 마음으로 문학 동아리를 돕는 일을 기쁘게 자처한다. 좋은 글이 있으면 공유하며 함께 깊이 생각할 수 있기를 바란다. 또한 그들의 일상에서도 뿌리내리도록 작은 힘을 보태고 싶다.

한강 작가는 투박한 옥빛 찻잔이 자신의 힘든 마음을 보듬고, 글을 이어 쓸 수 있도록 힘을 줬다고 했다. 나도 내 머그잔을 손에 들고 책상 앞에 앉아 그런 마음을 연습해 본다. 묵직한 첼로 음악을 들으며 눈을 감고 차향을 음미하며 글감을 생각한다.

내게 글쓰기는 숨통을 여는 일이다. 세상의 벽 앞에서 막막함에 멈춰 설 때면 한 자 한 자 써 내려가는 동안 답답했던 마음이 서서히 풀리고 숨이 트인다. 그렇게 나는 다시 살아나게 된다. 그래서 글쓰기는 단순한 일이 아니라, 삶과 함께하는 숨결이다.

오늘도 따뜻한 머그잔을 손에 쥐고 하루를 연다. 차의 온기가 마음으로 스며들고, 나의 글을 통해 누군가에게 그 온기가 전해지기를 바라며….

(2024. 12.)

■ 엄마에게 바치는 글

# 엄마의 꿈

지주현

　엄마는 고등학교에서 문학 선생님으로 35년간 재직하고 오늘 정년 퇴임을 하신다. 과거의 제자들이 찾아와 꽃다발과 편지를 주고 간다. 엄마는 학생들에게 존경받는 선생님, 어릴 때 문학을 좋아하던 문학소녀, 문학 선생님이 되었다.
　사실 이것은 엄마의 꿈이다. 엄마는 이렇게 살지 못하였다.

　엄마는 마트의 캐셔다. 퇴근하고 돌아오면 오늘은 또 이런저런 진상을 만났다고, 우리에게 열을 내며 말문을 연다.
　"아줌마, 지금 화내는 거예요?"
　"아니요. 제가 경상도 사람이라 원래 톤이 좀 높아서…."

"고객한테 친절하게 해야지. 고객센터에 가서 얘기할까요?"

캐셔의 업무 자체는 상품의 바코드를 찍고, 계산하는 단순한 일이지만 감정 노동자다. 2분도 안 되는 짧은 시간을 반복적으로 수많은 사람을 상대해야 한다. 세상엔 이런 곳에 와서 분풀이하는 못난 사람이 많다.

내가 고등학생 때였다. 친구들이랑 가평 계곡으로 놀러 가기 위해 마트에서 장을 봐야 했다. 하필 우리 엄마가 일하고 있는 ***이마트로 향했다. 나는 친구들이 엄마가 마트에서 일하는 걸 아는 게 부끄러워서 엄마를 모르는 체했고 다른 캐셔에게 계산했다. 그렇게 집에 돌아왔는데 엄마가 물었다. "왜 모른 척했어?" 엄마는 딸을 보았던 것이다. 나는 대답할 수 없었다.

엄마는 어릴 때부터 똑똑한 사람이었다. 가난한 시골에서 다섯 남매 중에 막내딸로 태어나 공부에 욕심을 부릴 수 없어서 일반고 대신 상업고를 갔고, 대학은 꿈도 못 꿨다. 하지만 엄마는 포기하지 않았다. 부모님 몰래 대학 시험을 보고 합격하고 나서는 잔뜩 겁을 먹은 채 외할아버지에게 대학을 가고 싶다고 말씀드렸다. 당연히 "우리 형편에 네가 돈을 벌어도 모자라는데 대학 진학이 웬 말이냐."라며 반대하시다가 결국 첫 학기 등록금을 농협 융자금으로 겨우 받아내고, 이후에는 쭉 장학금을 받으며 대학 졸업을 했단다.

엄마의 전공은 불어불문학이었다. 그런데 왜 불어를 배웠냐고 물으면, 영어는 인문계 일반고를 다닌 친구들이 공부를 해와서 본인과 격차가 나지만 불어는 모두 처음부터 배우는 거니까 불어를 배우고 싶었다는 거였다. 교생 실습까지 했지만, 학교에 불어 선생님 자리가 없어서 엄마는 다른 일자리를 알아볼 수밖에 없었다. 결국 엄마는 농협에 취직했다. 당시엔 고졸자들이 많이 하는 일이었기 때문에 입사할 때부터 "대졸이 온대."라고 떠들썩했다고 한다. '하향 지원'을 한 셈이었다.

그렇게 10년을 일하다가, 우리 남매를 키워주던 할머니가 편찮으셔서 엄마가 우리를 돌봐야 했기 때문에 농협을 그만두셨다. 아빠의 발령으로 우리는 서울로 이사했고, 엄마는 적성에 맞지 않는 영업직에 근무했다.

3년쯤 지나 주택관리사 시험을 1년간 준비했다. 합격하고 몇 가지 교육만 남겨두었다. 시설 안전교육을 들으면 아마 취직이 잘되는 것 같았다. 그런데 아빠가 그 비용을 지원해 주지 않았고, 교육을 같이 받은 다른 분은 취직이 되었다. 엄마는 그렇게 기다리다 어느 날 아빠가 보여준 이마트 채용공고를 보고 지원해서 합격하고는 임시로 일하겠다는 마음으로 시작했다. 그리고 16년이 지났고, 캐셔로 퇴직하게 되었다.

여러 번 들은 엄마의 인생 얘기지만, 들을 때마다 안타깝다.

엄마는 누군가의 딸로, 며느리로, 아내로, 엄마로 살아야 했기에 당신의 꿈을 펼치지 못했다. 정말 똑똑한 사람이고, 더 대접받을 수 있는 사람인데 원하지 않는 일을 십몇 년간 일했다는 게 너무 슬프고 안타깝다.

엄마가 항상 말하는 아저씨 얘기가 있다. 중학교 때 본인은 전교 1등이었고 그 아저씨는 5등이었는데 지금 한의원 원장을 한다고. 엄마도 남자로 태어났으면 인생이 아주 달라지지 않았을까. 아니, 이 세상이 조금 더 평등했거나 30년만 늦게 태어났더라면….

이제 엄마의 정규 커리어는 끝났다. 하지만 진짜 커리어가 시작된다고 믿는다. 더이상 눈치 봐야 할 부모님도 안 계시고, 자식은 다 컸고 남편 눈치 보며 원하지 않는 일을 안 해도 될 테니까. 누군가의 ○○가 아닌 박귀숙으로 살아갈 수 있을 테니까. 60세, 이 시대엔 너무 젊은 나이다. 뭐든 시작할 수 있고 할 수 있다.

엄마가 아는 사람 하나 없는 서울에 올라와서 유일하게 마음을 붙일 수 있었던 건 수필 쓰기였다. 문학소녀는 문학 선생님은 되지 못했지만, 지금은 수필가가 되었고 '자기만의 방'에서 마음껏 하고 싶은 글쓰기를 할 날만 남았다. 엄마가 나를 응원해 주었듯이, 이제는 내가 엄마의 '진짜 인생'을 응원할 것이다.

"엄마, 정말 고생 많았어요. 사랑해요!"

2023년 6월 30일
엄마의 새로운 시작을 응원하며 딸이 쓰다

# 작품 해설

■ 작품 해설

# 바람을 머리에 인 나무

유 인 순

(강원대 명예교수, 이대평생교육원 수필지도교수)

누군가 그미에 대해서 물어온다면, 어느 봄날 이화 평생 생활 수필반 강의실을 떠올릴 것이다. 그곳에서 만난 수강생들은 대개 인생에서 질풍노도의 시절을 지나 보낸 중년들, 자녀 교육을 마쳤거나 성가成家시킨 이들이었다. 부모로서의 임무를 완성한 그들은 어디엔가 소속되어 자신을 위한 일을 하고, 그로써 인정받고 싶어 했다. '자아실현'을 위해 그들이 선택한 것이 생활수필반이었다.

그미는 고급반에 등록한 이미 등단한 수필가였지만 늘 바쁜 사람이었고, 나 또한 지방에 거주하는 관계로 강의가 끝나면 귀

갓길을 서둘러야 했다. 그저 낯을 익히고 이름을 기억하게 되었을 뿐 언제 마주보고 앉아서 이야기를 나눈 적 없이 몇 년이 지났다.

어느 날, 생활수필반 출신들의 동아리 원석문학회 모임에서 차기 신임 회장 추천 이야기가 오가고 있을 때 그미의 이름이 들렸다. 한쪽에서는 회장감으로 너무 젊지 않겠느냐는 의견을, 다른 한쪽에서는 그미만큼 활동적이고 성실한 사람이 어디 있겠느냐는 의견을 내놓았다. 그때부터 그미의 모습이 눈에 들어오기 시작했다.

그 무렵이었을 것이다. 어느 날 그미를 보았을 때 바람을 머리에 이고 한참 자라나는 나무처럼 보였다. 머리에 바람을 인 나무는 언제나 생기에 넘친다. 그미는 바람처럼 나타났다가 바람처럼 사라졌다. 강의실에 들어올 때와 나갈 때의 표정이 달라 보였다. 그미는 언제나 쾌활하고 생기 넘치는 모습이었다. 늘 무언가를 생각하는 표정이었다.

그미가 남보다 바빠 보였던 것은 아직 대학생인 남매가 있었고, 가정과 직장생활을 병행하고 있기 때문이라는 사실을 뒤늦게 알았다. 그럼에도 그미는 부지런히 작품을 썼고 문우들의 비평적 의견에 귀 기울였다. 때로는 신랄한 지적이 없지 않았지만, 그럴 때는 씨익 웃어넘기는, 맷집도 좋은 문학도였다.

생활수필반에서 그미와 함께한 생활이 십 년이 넘었다. 어느 날 그미가 한 뭉치의 글을 이메일로 보내왔다. 전체 5부로 구성된 50편에 가까운 수필 작품들이었다.

그미의 작품들을 읽으면서 '글이 곧 그 사람'이라는 말을 다시 확인하면서 기분 좋게 웃었다. '착한 어린이 바른 생활 일기장'이라는 것이 첫 느낌이었다. 그리고 그미의 한 생애가 눈앞에 펼쳐졌다. 글과 함께 성장해 온 그미의 모습이 보이는 듯했다. 먼저 그미가 각별히 애정을 기울이고 있는 가족들과 지인들 부분부터 보기로 한다.

### 1. 가족과 지인들

제1부에서는 환후患候 중에 있는 부모님, 부모님과의 영별永別, 이후 돌아가신 분들에 대한 그리움으로 채워져 있었다. 부모님에 대한 사랑과 그리움이 각별했다.

그미의 어머니는 종갓집 종부宗婦, 오 남매를 낳아 기르며 집안의 대소사를 도맡아 했을 뿐만 아니라, 고된 노동력이 요구되는 경제활동에도 적극 나섰다.

> 우리 오 남매가 학교에 들어가면서 돈 쓸 일이 많이 생기니, 엄마는 집에서 십 리나 떨어진 어촌에 쌀을 갖다 팔아서

돈을 만들었다. (중략) 엄마는 항상 새벽 네 시면 깨어나 무슨 일이든 하고 있었다. 낮 동안 하지 못한 일을 새벽에 거의 다 했다. 부엌일은 물론, 소죽 끓이는 일과 바느질도 새벽에 했다. 낮엔 쌀장사하느라 틈을 낼 수 없었다…. 평상시엔 거래처에 쌀을 배달하거나 외상값을 수금하러 나가기 때문에 잠시의 틈도 낼 수 없었다. 그런데도 비 오는 날엔 떡메로 쳐서 찰떡도 만들어 주고 단팥빵도 만들어 주었다.

-「엄마의 열쇠」에서

 쌀장사를 하던 엄마의 모습은「고향집 소묘」에서도 나온다. 몽돌투성이 길에 리어카로 쌀 배달 가는 엄마를 위해 리어카를 밀어주는 막내딸, "숙아, 더운데 아이스케키 하나 사줄까." 하는 엄마의 말에 신이 났던 일, 아이스케키를 쪽쪽 빨아먹던 일들이 이제는 추억이 되어 버렸다. 그렇게 가족에게 헌신하시던 어머니는 어느 날 뇌출혈로 쓰러지고 오랜 투병 생활 중에 요양병원에서 돌아가신다.「자, 이제 집으로 가요」는 어머니의 부음을 듣던 날과 장례식을 치르던 날의 기록이다.

 아버지 관련 작품도 서너 편에 이른다.「아버지의 팔순 잔치」에서는 오 남매가 아버지의 팔순 잔치를 차리던 날의 행복을 그리고 있다.「자, 이제 집으로 가요」에서 아버지는 아내의 발인

제에서 울음을 삼키며 고인의 영가靈駕를 인도한다. 「황혼의 고독」에서는 독거노인으로 지내시던 아버지가 어느 날 계획적으로 접근해 온 성실치 못한 여성에게 마음을 주셨다가 자식들의 발빠른 대처로 더이상의 피해를 보지 않게 되었다는 이야기다. 「아버지」에서는 코로나로 사회적 거리 두기가 강조되던 때 폐렴으로 입원하셨던 아버지가 자식들의 임종 없이 돌아가신 것에 대한 안타까움을 그렸고 「할머니를 생각하며」에서는 돌아가신 할머니를, 「어머니의 손맛을 그리며」에서는 당뇨 후유증과 뇌출혈로 돌아가시던 날의 시어머니에 대한 기억을 떠올린 글이다.

제2부는 핵가족의 생활 중에 일어난 일들로 채워진다. 아들의 입대, 훈련소 수료식에 참석해서 아들의 가슴에 이등병 계급장을 달아준다는 「이등병 계급장」, 대학 졸업 후 재택근무하던 딸이 독립을 원해 함께 방을 구하러 다니고 딸과의 모녀 여행을 추진하는 「딸의 홀로서기」, 글을 쓰는 사람으로서 자기만의 방을 갖고 싶다는 욕망을 남편의 시점에서 쓴 「아내의 방」도 있다. 「생일 선물」은 친정어머니가 끓여주시던 생일날의 미역국, 대학생 시절 자취방에서 친구들과 미역국 대신 라면을 먹던 일, 대학생 딸이 끓여준 생일 미역국과 딸의 손 편지가 소개된다. 편지에는 "잘 키워줘서 고맙고 사랑해요. 두 남매를 대학도 잘 보내 놨으니… (중략) 여태 '엄마'라는 이름으로 살아왔다면 이제

는 '박귀숙'으로 살길 바라요."라고 적혀 있었다.

「몰래 한 사랑」과 「선물·Ⅰ」은 각각 양토기養兎記와 양묘기養猫記다. 전자에서는 실패한 양토 체험을 통해 삶의 교훈을 확인한다. 즉 토끼가 새끼를 낳자, 토끼만의 독특한 양육법을 몰랐던 안주인은 사람의 양육법을 토끼에게 강제하다가 새끼들을 모두 죽게 하고 만다. 양토법에 대한 무지가 새끼들을 죽게 하고 만 것이니 이는 무지 유죄無知 有罪로 끝난 사건이다. 「선물·Ⅰ」은 고양이를 키우면서 평소 뚱하던 가족들이 고양이를 공통 화제로 화기애애하게 되었다는 이야기다.

「손맛 사랑」에서는 젊은 시절 시댁에서 손아래 동서들을 지휘하며 직접 담근 김장 김치를 소금 소태로 만들었던 에피소드이고, 「김밥」에서는 세대차에 따라 달라지는 김밥 맛을, 「팥죽과 동치미」에서는 친정어머니의 손맛을 흉내 낸 팥죽, 텃밭에서 키운 무로 담근 동치미로 지인들을 초대한, 모두 사랑이 깃든 음식 관련 이야기들이다.

다음은 지인 관련 이야기다. 그런데 지인 관련 이야기에서도, 환후 중이거나 간신히 회복한 인물들이 많이 나온다.

「햇살 한줄기」에서는 뇌경색 발병 그리고 다시 뇌출혈로 쓰러진 친구의 이야기가, 「친절한 금자 씨·Ⅰ」에서는 주택관리사 자격 대비반에서 만난 의리 있고 인정 많은 금자 씨, 그녀의 유방암 소식이 전해지고 「친절한 금자 씨 · Ⅱ」에서는 항암 치료가 끝나고 회복기에 접어든 금자 씨의 전원주택으로 초대를 받고 찾아간 이야기이다. 「선물 · Ⅱ」에서 어섬에 살고 있는 금낭화도 암 투병에서 회복한 사람이다. 「존경하는 동야 교수님께」에서 교수님도 뇌경색과 알츠하이머로 요양병원에 입원해 계신다.

여기서 눈여겨보게 된 다른 대목은 그미와 지인들과의 인연이 20년 이상의 연륜을 쌓고 있다는 사실이다. 동야 교수님과는 2002년 생활수필반에서, 「선물 · Ⅱ」와 「기차여행」에 동행한 지인들도 이 무렵 생활수필반에서 만나 인연 맺은 사람들이다. 이보다 좀 더 오랜 지인은 「寶보배」에서 나오는 원예농협 시절에 만난 후배와의 인연은 30여 년을 넘어섰고 「시인이 된 친구」의 시인과는 50년 가까이 이어진다.

그녀는 초등학교 때부터 시를 쓰고 중학교 백일장에선 장원도 하고 고교 시절엔 문예반에서 교지도 편집했다. 나는 그런 친구가 몹시 부러웠다. 나도 글을 잘 쓸 수 있었으면 좋겠다고 항상 마음속으로만 생각하며 지냈다. 어쩌면 나의 글쓰기는 그 친구가 계기가 되었는지도 모른다.

문예 계간지에 시를 통해서 등단한 친구를 축하해주며 그미 자신의 글쓰기가 친구에 대한 선망에서 비롯된 것이었다고 밝힌다. 그 친구의 등단을 자기 일처럼 기뻐하며 동네방네 자랑하는 모습을 보면 그미의 인성이 그대로 드러나서 웃음이 난다. 딸과 함께 혹은 동료들과 여행을 가시도 딘골 펜션에 들어가 주인장과의 인연을 보여준다. 그미는 인연을 소중히 하는 사람이다.

## 2. 함께한 여행, 홀로 해야 할 여행

여행을 소재로 다룬 작품들도 적지 않다. 가족들과 스키장을 다녀오면서 교훈으로 얻은 「유비무환」, 남편과 함께한 혹은 남편 관련 해외여행(「결혼 10주년을 보내며」, 「밀라노에서 밀라노까지」, 「여행에 취한 남자」)과 국내 여행 (「봉정암 가는 길」, 「김반장」), 딸과 함께한 국내 여행과 해외여행(「베스트 드라이버」, 「딸과 함께한 여행」)에서는 단란한 가족들만이 누릴 수 있는 행복을 기록한다.

이들 여러 편의 여행기와 등반기 가운데 「밀라노에서 밀라노까지」와 「봉정암 가는 길」이 시선을 끈다.

「밀라노에서 밀라노까지」에서는 뇌종양 수술을 받은 남편, 그리고 남편의 동료 부부와 함께 한 달 가까이 이탈리아 서북부

지역을 돌아본다. 이 글에서는 나흘 정도의 여정이 소개된다. 특히 돌로미티에서 트레킹을 하던 날, 수술 후 아직 완전치 못한 남편의 팔을 잡아주며 전과는 달리 남편과 아내의 역할이 역전되었다는, 인생의 한 굽이를 돌아본다. 그런가 하면 고색 찬란한 문화재 앞에서는 '감탄하고' '눈을 떼지 못하고' '입을 다물지 못하고' '숙연해지고' '경외감'을 느끼고, '감사해한다'. 또 함께한 동행자들에게 '감사'하고 '박수'를 보낸다. 인간의 손이 만든 문화유산과 자연경관에 대한 애정과 경외심, 함께한 이들에게 느끼는 무한 감사를 통해 그미 세계관의 확장을 보게 된다.

「봉정암 가는 길」에서 그미는 마침내 봉정암 사리탑에 오르고 전망대에서 공룡능선을 바라보며 지나온 날을 돌아본다.

> 앞만 보고 살아왔던 지난날이었다. 이제 이순耳順의 나이로 들어서고 보니 옆도 뒤도 돌아보게 된다. 세상은 혼자 살아가는 건 아니다. 함께 같이 손잡고 살아가야 한다. 긴 시간 힘들었지만, 내 안의 나와 만나는 수행과 기도의 시간이었다.

세상은 혼자 사는 것이 아니라는 것, 살아간다는 자체가 수행과 기도의 연속이었음을 깨우치기까지 오랜 세월이 필요했다. 그미도 이제 살아온 날들을, 본래의 자기 자신을 다시 돌아보고 앞날을 가늠해야 하는 때에 이르렀다.

그런 의미에서 본다면 「교생실습」은 그미의 화양연화花樣年華 시절의 기억이고 「깜박하는 내 정신」은 자신에게 찾아온 건망증 증상을 조금은 한심스럽지만 의연하게 인정하는 모습을 보여준다. 「이띠히리」는 현대사회로 들어오면서 변화하기 시작하는 세시풍속의 의미를, 「마트의 꽃」에서는 마트 캐셔의 애환, 셀프 계산대가 들어오면서 사업자 측이 노린 경영의 효율성, 그에 반해 직접 사람과의 소통을 요구하는 손님들을 보며 최신 기계로 무장한 시대가 과연 모든 이를 충족시킬 수 있을지에 대한, 문명 비평적인 시선을 보여준다.

다시 주목해야 할 작품으로 「새로운 길」이 있다. 장애인의 직장생활을 돕기 위한 상담원 양성 과정 연수에 참석한 이야기다. 이 글에서 그미는 '나와 가족'에서 한 걸음 나아가 이 사회 안에 있는 장애인을 돕고 싶다는 생각, 이는 '자아실현'에서 '자아 초월'로 나아가는 한 단계 높아진 성숙한 모습을 보여준다. 자아 초월은 봉사를 하는 마음으로 자신뿐 아니라, 이 사회를 건강하게 하는 길이기 때문이다.

그미에게도 이제 「나만의 공간」을 갖게 되었으니 「목련처럼」 은은하게 스며들 수 있는 향기를 닮기 위해 '마음 단장'을 해야 할 시기에 이르렀다. 선물로 받은 머그 찻잔을 앞에 놓고 글을 쓴다는 것은 무엇인가에 대해 골똘히 생각한다.

　　내게 글쓰기는 숨통을 여는 일이다. 세상의 벽 앞에서 막막함에 멈춰 설 때면 한 자 한 자 써 내려가는 동안 답답했던 마음이 서서히 풀리고 숨이 트인다. 그렇게 나는 다시 살아나게 된다. 그래서 글쓰기는 단순한 일이 아니라, 삶과 함께 하는 숨결이다.

　　　　　　　　　　　　　　　　　　　　－「먹빛 머그잔」

　글쓰기에 대한 동경은 시를 잘 쓰는 친구를 보면서 비롯되었다고 고백한 바 있다. 이제 그미도 질풍노도의 시절로부터 벗어났다. '나만의 공간'에서 자아실현을 위해 모색의 시간을 갖게 되었다. 그리하여 '글쓰기가 숨통을 여는 일'이었음을 깨닫는다.

　그미의 제5부로 구성된 수필들을 읽으면서 이들 작품에서는 몇 가지 겹쳐지는 장면들을 보게 된다. 첫째, 가족과 지인들에 대한 사랑과, 병환, 죽음, 그 이후의 그리움이 주된 자료로 엮어 있음을 특히 제1부에서는 가족들의 병환과 사별로 채워져 있다. 둘째, 다양한 음식의 등장이다. 어머니와 시어머니의 손맛을 전해 받은 작가는 그 손맛을 살려 음식을 만들고 그것을 지인들과 함께 나눈다. 지인들 또한 음식을 만들어 보내온다. 이때 음식은 허기를 달래기 위한 것이 아니라 '위로'이고 '정'의 척도로 보였다. 셋째, 생활력 강한 여성 3대의 모습이다. 친정어머니는 종부의 삶을 살면서도 강한 생활력을, 그미 또한 가정생활과 식상생활을 병행하면서 자기 계발을 위한 수필 쓰기를 지속해 왔다. 그미의 딸은 재택근무를 하다가 외국에서 워킹 홀리데이 생활을 하며 세계관을 넓히고 있다. 넷째, 작품 속에 등장하는 인물들은 한결같이 선량하고 성실하며 모두 자기 계발을 위해 노력하는 모습을 보여주고 있다

어느 날 문득 그리고 지금 그미를 다시 보아도 바람을 머리에 인 나무를 닮았다는 생각에 변함은 없다. 나무는 늘 그 자리에 있지만 그의 꿈과 활동마저 고착되어 있는 것은 아니다. 나무는 바람을 통해 세상 소식에 접하고, 바람을 통해 생명의 움직임을 전해 받아 그 자신의 건강한 성장을 이어간다. 나무는 혼자 사는 듯해도 실은 그의 몸 자체는 새들과 다람쥐의 안식처, 그의 그늘은 피곤한 사람들의 휴식처가 되어준다.
　머리에 바람을 인 그미는 한반도의 남쪽 울산에서 서울까지 삶의 반경을 넓혀왔다. 그미는 자기 계발을 위하여 언제나 바지런히 몸을 움직였다. 농협은행 사원 시절에는 서예에, 서울 생

활을 하면서도 주택관리사 자격증 취득 준비를 했다. 이후에는 생활 수필반에서 20년 넘게 글쓰기 공부를, 장애인 돕기 상담사가 되기 위한 연수, 퇴직 이후에는 시 낭송반에 등록해서 목청을 가다듬고 있다. 그미의 심신은 언제나 활동 중이다.

그런가 하면 그미는 인연의 소중함을 알고 있기에 지인들과 수십 년째 이어오는 돈독한 만남은 감탄스럽다.

여기서 지칭한 그미의 이름은 박귀숙이다. 첫 수필집을 발간하게 된 그미에게 축하의 인사와 함께 두어 가지 부탁을 하고 싶다.

첫째, 좀 더 다양한 시선과 활동의 장을 넓혀주기 바란다. 지금까지의 글감이 대개 가족사, 지인들과의 우정, 가족과의 여행기 등이었다면, 이제부터 사회로, 역사로, 문화 등등으로 시야를 확장해 보기 바란다. 그리고 지금까지 자아실현에 주로 전력해 왔다면 이제는 자아 초월 쪽도 생각해 보아야 할 것이다. 도움을 필요로 하는 이들에게 한편의 글이 위로와 힘이 될 수 있음을 기억해 주기 바란다.

둘째, 세상에 대한 인식에서 눈에 보이는 것만 보려고 하지 말고 한 발 나아가 세상과 나의 관계 맺기, 사물과 그것을 바라보는 나와의 합일슘― 이후의 감동을 찾아볼 수 있는 성숙한 시선을 익혀보기 바란다.

박귀숙 선생님의 첫 수필집 『밀라노에서 밀라노까지』의 발간을 축하합니다.
이제부터 시작입니다!

박귀숙 수필집

## 밀라노에서 밀라노까지

**인쇄** 2025년 7월 10일
**발행** 2025년 7월 15일

**지은이** 박귀숙
**발행인** 서정환
**펴낸곳** 수필과비평사
**주 소** 서울시 종로구 삼일대로 32길 36(운현신화타워) 305호
**전 화** (02) 3675-3885, (063) 275-4000
**팩 스** (063) 274-3131
**이메일** essay321@hanmail.net
**출판등록** 제300-2013-133호
**인쇄·제본** 신아출판사

저작권자 ⓒ 2025, 박귀숙
이 책의 저작권은 저자에게 있습니다. 서면에 의한 저자의 허락없이 내용의 일부를 인용하거나 발췌하는 것을 금합니다.
COPYRIGHT ⓒ 2025, by Park Gwisuk
All rights reserved including the rights of reproduction in whole or in part in any form.
저자와 협의, 인지는 생략합니다.
잘못된 책은 바꿔 드립니다

**ISBN** 979-11-5933-581-5  03810
**값** 15,000원

Printed in KOREA

*이 책은 2024년 구상기념사업회 창작지원금으로 제작비의 일부를 지원 받아 제작되었습니다.